（第4辑）

古文观止

文景 编著

中国人口出版社
China Population Publishing House
全国百佳出版单位

古文观止

前言

《古文观止》是清代吴楚材、吴调侯编纂的一部古文启蒙读本，最初刊行于康熙三十四年（1695），选录先秦至明朝末年222篇古文。他们认为这些文章都是古文中的精华，所以用吴公子季札观赏乐舞《韶箾》时发出的赞词“观止矣（好极了）”来命名这部书。

该书吸收宋代以来各种古文选本的优点，所选文章大部分思想性、艺术性都比较高，千百年来一直脍炙人口，经受了时间考验，成为中华优秀文化遗产的一部分。该书所选文章注意到题材和文体风格的多样性，不仅有史传、论说文，还有见闻札记、山水游记、杂文小品和其他应用文，且破例选录少量历代传诵的骈文和韵文，大体可以反映出古文绚丽多姿的面貌。在编排上，以时代为序，眉目清楚；而且选文长短相间，对一般读者比较适当；同时，作者还对选文作了精彩评注，一段段评语不仅有助读作用，且其文字清丽流畅，给人以美的享受。这大概是本书一直受欢迎的原因所在。

当然，这个选本在今天看来也存在一些明显的缺点，如先秦诸子的精彩作品一篇未收，曹操的作品被排斥在外，也有一些入选作品并非本人代表作。虽有这些缺点，但瑕不掩瑜，该书对初步了解古文内容、文体和风格，并通过这些古文增长历史、文学知识，认识古代社会，提高古文阅读能力，无疑有一定的价值。

为了让更多少年朋友了解这部古文经典选本，我们精选30余篇脍炙人口的名篇进行详细解读，并对原作进行了精心编排：导读分为著作或作者介绍及所选篇目主旨大意讲解；为方便诵读，原文采用大字注音；为帮助理解，原文中的生僻字词、文化常识和历史典故都作了详细注释，译文忠于原文，简洁流畅。尤其值得一提的是，每篇古文涉及的历史典故、人物或事件都配有与之相关的原汁原味古代插画，或反映当时生活情境的文物，以尽量还原文章所要表达的思想内涵，并能使读者充分感受中国式图像的神韵与魅力。经常诵读古文，不仅可以积累词语，使表述更生动鲜活，还可以改善知识结构，提高写作水平。但愿这部古文选本对少年朋友增长知识、开阔视野能有一些帮助。

目录 CONTENTS

商代四羊方尊

明嘉靖五彩西游记故事图罐

春秋铜钟

元影青观音

zhèng bó kè duàn yú yān

郑伯克段于鄢

《左传·隐公元年》

导读

《左传》全名《春秋左氏传》，是解释孔子所编鲁国国史《春秋》的“三传”之一，作者相传是左丘明。《左传》保存了许多重要历史文献，记录了春秋至战国初期周王朝和主要诸侯国的盛衰兴亡，以及当时政治、经济、军事、文化、外交等方面的一系列重大事件。该书善于把复杂的事情写得有条不紊，裁剪得当，文笔优美流畅，人物个性鲜明，在史学、文学、语言等方面影响深远，实为一部优秀的史学和文学名著。

明吕维祺编《圣贤像赞》中的左丘明画像

本篇记载郑庄公图谋霸业前，平定弟弟共叔段与母亲姜氏勾结发动叛乱的故事。作者用极其简洁的笔墨，描绘了庄公的老谋深算，刻画出他的性格和心理活动，阐述了《春秋》原文对庄公狡诈不孝与不讲兄弟情义的贬斥。最后母子相见情节一向为人称道，开创了以抒情笔墨写史的先河。

原文

chū zhèng wǔ gōng qǔ yú shēn yuē wǔ jiāng shēng
初❶，郑武公娶于申❷，曰武姜❸，生

zhuāng gōng jí gōng shū duàn zhuāng gōng wù shēng jīng jiāng
庄公及共叔段❹。庄公寤生❺，惊姜

shì gù míng yuē wù shēng suì wù zhī ài gōng shū duàn yù lì
氏，故名曰寤生，遂恶之。爱共叔段，欲立

zhī qì qǐng yú wǔ gōng gōng fú xǔ
之。亟请于武公❻，公弗许。

jí zhuāng gōng jí wèi wèi zhī qǐng zhì gōng yuē
及庄公即位，为之请制❼。公曰：

zhì yán yì yě guó shū sǐ yān tā yì wéi mìng
“制，岩邑也❽，虢叔死焉❾。佗邑唯命❿。”

qǐng jīng shǐ jū zhī wèi zhī jīng chéng tài shū
请京⓫，使居之，谓之京城大叔。

zhài zhòng yuē dū chéng guò bǎi zhì guó zhī hài yě
祭仲曰⓬：“都城过百雉⓭，国之害也。

xiān wáng zhī zhì dà dū bú guò sān guó zhī yī zhōng wǔ zhī yī
先王之制：大都不过参国之一⓮，中五之一，

xiǎo jiǔ zhī yī jīn jīng bú dù fēi zhì yě jūn jiāng bù kān
小九之一。今京不度⓯，非制也，君将不堪。”

gōng yuē jiāng shì yù zhī yān bì hài duì yuē jiāng shì
公曰：“姜氏欲之，焉辟害⓰？”对曰：“姜氏

hé yàn zhī yǒu bù rú zǎo wéi zhī suǒ wú shǐ zī màn màn
何厌之有⓱！不如早为之所，无使滋蔓⓲。蔓，

nán tú yě màn cǎo yóu bù kě chú kuàng jūn zhī chǒng dì hū
难图也⓳。蔓草犹不可除，况君之宠弟乎！”

gōng yuē duō xíng bú yì bì zì bì zǐ gū dài zhī
公曰：“多行不义必自毙。子姑待之。”

注释

❶初：当初。❷郑武公：前770年至前744年在位，郑桓公的儿子，郑国第二任国君。❸武姜：“武”是丈夫的谥号，“姜”是娘家的姓氏，这是当时贵族的一种习惯称呼。❹庄公：郑国第三任国君，前743年至前701年在位。共叔段：郑庄公的弟弟，名段。共，国

春秋虢太子元徒铜戈

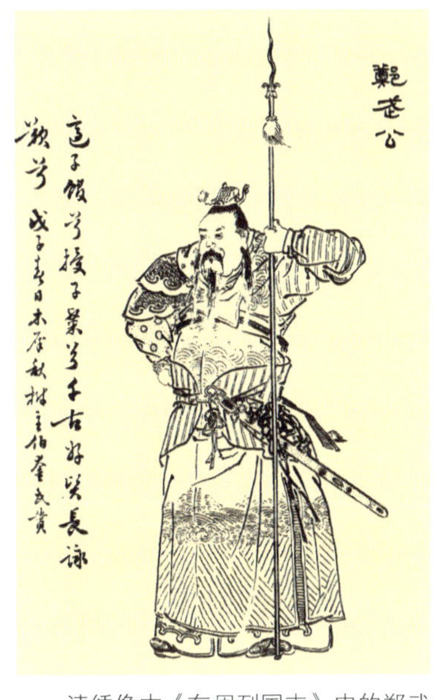

清绣像本《东周列国志》中的郑武公画像

名，在今河南辉县。❺寤生：逆生，难产，胎儿的脚先出来。❻亟：屡次。❼制：郑国地名，即虎牢，在今河南汜水西。❽岩：险要。❾虢叔：东虢国国君。虢国，故地在今陕西宝鸡东，史称西虢；周室东迁后，虢国迁到今河南陕县东南，史称东虢，前767年为郑国所灭。❿佗：同“他”，别的，另外的。⓫京：地名，在今河南荥阳东南。⓬祭仲：郑国大夫，字足。⓭都：这里泛指一般城邑。雉：古代计算城墙长度的单位，长三丈，高一丈，为一雉。⓮参国之一：国都的三分之一。参，同“三”。⓯不度：不合法度。⓰辟害：逃避祸害。辟，通“避”。⓱厌：满足。⓲滋蔓：滋长蔓延。⓳图：除掉。

译文

当初，郑武公从申国娶了一位夫人，名叫武姜，生下庄公和共叔段。庄公出生时脚先出来，武姜受到惊吓，因此给他取名叫“寤生”，所以很厌恶他。武姜偏爱共叔段，想立共叔段做太子，多次向武公请求，武公都没有答应。

到庄公即位的时候，武姜要求把制邑封给共叔段。庄公说：“制邑是个险要的地方，从前虢叔就死在那里，封给共叔段不大妥当，若是其他城邑，我可以唯命是从。”武姜便要求京城，庄

清绣像本《东周列国志》插图《郑庄公假命伐宋》，讲述郑庄公假借周王之命，联合诸侯征伐宋国，从而实现称霸诸侯的故事

公同意共叔段住在那里，因此人们称他为京城太叔。

大夫祭仲说："一般都邑的城墙如果超过三百丈，就会成为国家的祸患。先王的制度规定，大城不能超过国都的三分之一，中等的不能超过五分之一，小城不能超过九分之一。现在京城超过规定，不合制度，将来您会受不了的。"庄公说："姜氏想要这样做，又怎能躲开这场祸患呢？"祭仲说："姜氏哪有满足的时候！不如及早为太叔作出安排，别让祸根滋生蔓延，一旦滋生蔓延就难对付了。蔓延的野草尚且难以除掉，何况是您那受宠的弟弟呢！"庄公说："坏事做多了，必然自取灭亡。你姑且等着瞧吧！"

原文

jì ér tài shū mìng xī bǐ běi bǐ èr yú jǐ gōng zǐ lǚ
既而大叔命西鄙、北鄙贰于己[1]。公子吕

yuē guó bù kān èr jūn jiāng ruò zhī hé yù yǔ tài shū chén
曰[2]："国不堪贰，君将若之何？欲与大叔，臣

qǐng shì zhī ruò fú yǔ zé qǐng chú zhī wú shēng mín xīn
请事之；若弗与，则请除之。无生民心[3]。"

gōng yuē wú yōng jiāng zì jí tài shū yòu shōu èr yǐ
公曰："无庸[4]，将自及[5]。"大叔又收贰以

wéi jǐ yì zhì yú lǐn yán zǐ fēng yuē kě yǐ hòu jiāng
为己邑，至于廪延[6]。子封曰："可矣，厚将

dé zhòng gōng yuē bú yì bú nì hòu jiāng bēng
得众[7]。"公曰："不义不暱[8]，厚将崩。"

tài shū wán jù shàn jiǎ bīng jù zú shèng jiāng
大叔完聚[9]，缮甲兵[10]，具卒乘[11]，将

xí zhèng fū rén jiāng qǐ zhī gōng wén qí qī yuē kě
袭郑。夫人将启之[12]。公闻其期，曰："可

yǐ mìng zǐ fēng shuài chē èr bǎi shèng yǐ fá jīng jīng pàn tài
矣！”命子封帅车二百乘以伐京⑬。京叛大

shū duàn duàn rù yú yān gōng fá zhū yān wǔ yuè xīn chǒu
叔段，段入于鄢⑭。公伐诸鄢。五月辛丑⑮，

tài shū chū bēn gōng
大叔出奔共。

shū yuē zhèng bó kè duàn yú yān duàn bú tì
书曰⑯：“郑伯克段于鄢⑰。”段不弟⑱，

gù bù yán dì rú èr jūn gù yuē kè chēng zhèng bó jī shī
故不言弟；如二君，故曰克；称郑伯，讥失

jiào yě wèi zhī zhèng zhì bù yán chū bēn nàn zhī yě
教也；谓之郑志⑲，不言出奔，难之也⑳。

注释

❶鄙：边境上的城邑。贰：两属，属二主。❷公子吕：郑国大夫，即下文的子封。❸生民心：使民生二心。❹无庸：不用。❺自及：自己赶上灾祸。❻廪延：地名，在今河南延津北。❼厚：雄厚，这里指扩大土地。❽暱：同“昵”，亲近兄长。❾完聚：修葺、积聚，这里指修治城郭，集结兵力。❿缮甲兵：修理、整治作战用的甲衣和兵器。⓫具：准备。乘：四匹马拉的战车。⓬启之：给共叔段开城门，即作内应。⓭帅：通“率”，率领。⓮鄢：地名，在今河南鄢陵北。⓯五月辛丑：鲁隐公元年（前722）五月二十三日。⓰书：指《春秋》上的记述。⓱郑伯：指郑庄公。克：战胜。⓲弟：通“悌”，指顺从兄长。⓳郑志：指郑庄公有杀弟的意图。⓴难：责难。

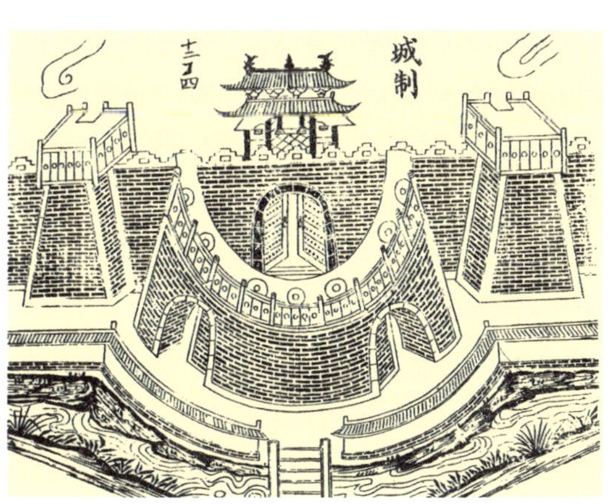

明刊本《武经总要》中的《城制图》，绘制了古代防御工事城的大致状况

译文

不久，太叔命令西部和北部边境地区表面上属于庄公，而实际却归自己管辖。公子吕说：“国家不能容忍这种两属的情况，您现在打算怎么办？如果想把君位让给太叔，请允许我去侍奉他；如果不给，那就请您赶紧除掉他。不要让百姓们产生疑心。”庄公还是说：“不用除掉他，他会自遭灾祸的。”后来，太叔又把两属的地方划归自己所有，一直扩展到廪延一带。公子吕说：“现在该动手了！土地扩大，就能控制更多的百姓。”庄公说：“对国君不义，对兄长不亲，土地虽然扩大，也会崩溃的。”

春秋时期的铜剑

太叔修治城廓，集结兵力，整治盔甲武器，准备士卒战车，将要偷袭郑国。武姜也准备开城门作内应。庄公了解到他们约定的日期，说：“现在可以了！”他命令公子吕率领二百辆战车去攻打京城。京城人背叛了太叔，太叔只好逃到鄢城。庄公又亲率军队攻打鄢城。五月二十三日，太叔逃出郑国，投奔共国去了。

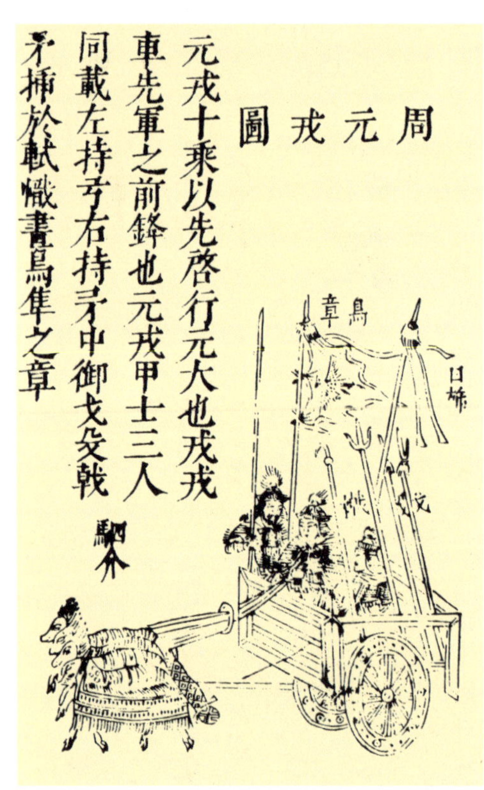

明刻本《三才图会》中的《周元戎图》，对周代战车作了详细描述。春秋时期，以兵车多少显示国家军事实力的大小

《春秋》上写道：“郑伯克段于鄢。”意思是说，共叔段不讲孝悌之道，所以不说他是庄公的弟弟；兄弟俩如同两国国君在交战，所以用了“克”字；称庄公为“郑

伯”，是讽刺他对弟弟不加管教；这里说郑伯早有杀弟的意图，而又不明说太叔出奔，都是对庄公的责难。

原文

清绣像本《东周列国志》中的颍考叔画像

suì zhì jiāng shì yú chéng yǐng ér shì zhī yuē bù
遂寘姜氏于城颍❶，而誓之曰：“不
jí huáng quán wú xiāng jiàn yě jì ér huǐ zhī yǐng kǎo shū
及黄泉❷，无相见也！”既而悔之。颍考叔
wéi yǐng gǔ fēng rén wén zhī yǒu xiàn yú gōng gōng cì zhī shí shí
为颍谷封人❸，闻之，有献于公。公赐之食，食
shě ròu gōng wèn zhī duì yuē
舍肉❹。公问之，对曰：
xiǎo rén yǒu mǔ jiē cháng xiǎo rén zhī shí yǐ wèi cháng jūn zhī
“小人有母，皆尝小人之食矣，未尝君之
gēng qǐng yǐ wèi zhī gōng yuē ěr yǒu mǔ wèi yī
羹❺，请以遗之❻。”公曰：“尔有母遗，繄
wǒ dú wú yǐng kǎo shū yuē gǎn wèn hé wèi yě gōng
我独无❼！”颍考叔曰：“敢问何谓也？”公
yù zhī gù qiě gào zhī huǐ duì yuē jūn hé huàn yān ruò
语之故，且告之悔。对曰：“君何患焉❽！若
jué dì jí quán suì ér xiāng jiàn qí shuí yuē bù rán
阙地及泉❾，隧而相见❿，其谁曰不然？”

gōng cóng zhī　gōng rù ér fù　dà suì zhī zhōng　qí lè yě
公从之。公入而赋⑪：“大隧之中，其乐也
róng róng　jiāng chū ér fù　dà suì zhī wài　qí lè yě yì
融融⑫！”姜出而赋：“大隧之外，其乐也泄
yì　suì wéi mǔ zǐ rú chū
泄⑬。”遂为母子如初。

jūn zǐ yuē　yǐng kǎo shū　chún xiào yě　ài qí mǔ　yì
君子曰⑭：颍考叔，纯孝也⑮。爱其母，施
jí zhuāng gōng　shī　yuē　xiào zǐ bú kuì　yǒng cì
及庄公⑯。《诗》曰：“孝子不匮⑰，永锡
ěr lèi　qí shì zhī wèi hū
尔类⑱。”其是之谓乎！

注释

❶寘：通“置”，安置，此处指幽禁、放逐。城颍，郑国地名，在今河南临颍西北。❷黄泉：地下的泉水，这里指埋葬死人的墓穴。❸颍考叔：郑国大夫。封人：管理边界的地方长官。❹舍：放弃。❺羹：带汤汁的肉食。❻遗：赠送，这里有留给的意思。❼繄：句首语气助词。❽患：担心。❾阙：通“掘”，挖掘。❿隧，隧道，这里用作动词，挖成隧道。⓫赋：赋诗，这里指诵读诗句。⓬融融：快乐的样子。⓭泄泄：舒畅愉快的样子。⓮君子：作者发表意见时所假托的评论者。⓯纯孝：大孝，真孝。⓰施：扩展。⓱匮：亏缺，竭尽。⓲锡：通“赐”，给与。这两句见于《诗经·大雅·既醉》。

民国蔡振绅编撰《八德须知·孝悌》插图《考叔舍肉》，描绘郑庄公招待颍考叔的场景

译文

此后，庄公把武姜安置在城颍，并发誓说："不到黄泉之下，不再见面！"不久，庄公就后悔了。颍考叔是管理颍谷疆界的官吏，听说此事后，便借贡献礼物之机来见庄公。庄公赐给他食物，颍考叔吃饭时把肉挑出来放在一边。庄公问他为什么这样做，颍考叔答道："小人家有老母，我吃的东西她都尝过，只是从未尝过君王的肉羹，请让我带回去给她吃吧！"庄公说："你有母亲可以孝敬，我却偏偏没有啊！"颍考叔说："敢问这话是什么意思？"庄公把此事的前因后果告诉了他，并说自己已经感到后悔。颍考叔答道："您有什么好担心的！只要挖条地道，见到泉水，然后在地道中相见，又有谁能说不是在黄泉下相见的呢？"庄公按照他的话去做了。庄公走进地道里赋诗说："大隧之中相见，多么快乐啊！"武姜走出地道，赋诗说："大隧之外相见，多么舒畅啊！"于是母子和好，仍然和当初一样。

君子说：颍考叔的孝行真纯正啊！他不仅孝顺自己的母亲，而且还影响到庄公。《诗经·大雅·既醉》说："孝子行孝道，没有亏缺，上天永远赐给你们福禄。"大概说的就是这种情况吧！

清绣像木《东周列国志》插图《郑庄公掘地见母》，描绘郑庄公在隧道中与母亲相见，母子和好如初的场景

cáo guì lùn zhàn

曹刿论战

《左传·庄公十年》

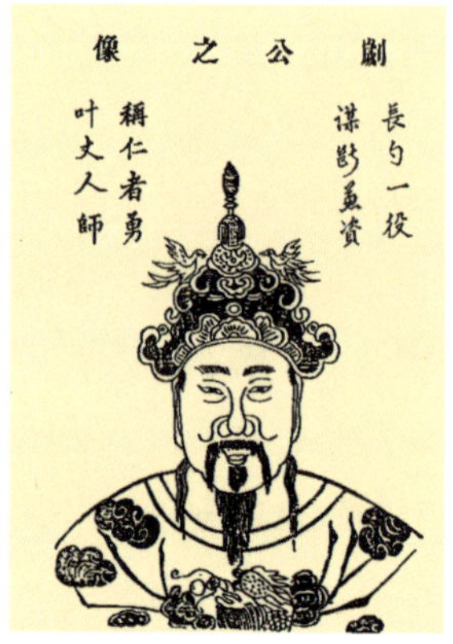

清人绘曹刿画像

本篇记述齐、鲁两国在长勺交战，弱小鲁国战胜强大齐国的过程。文章以传神的笔墨，记载曹刿自荐与破敌经过：先是蓄气破敌，继而谨慎从事，不贸然追击，细致而精彩。文章通过问答与动作，在混乱紧张的场面中写出曹刿的机智与冷静，文字简练，论点集中，是《左传》中的著名篇章。

qí shī fá wǒ gōng jiāng zhàn
齐师伐我[1]，公将战[2]。

cáo guì qǐng jiàn qí xiāng rén yuē ròu shí zhě móu zhī yòu hé jiàn yān guì yuē ròu shí zhě bǐ wèi néng yuǎn móu suì rù jiàn
曹刿请见[3]。其乡人曰[4]：“肉食者谋之[5]，又何间焉[6]？”刿曰：“肉食者鄙，未能远谋。”遂入见。

wèn hé yǐ zhàn gōng yuē yī shí suǒ ān fú gǎn zhuān yě
问：“何以战？”公曰：“衣食所安，弗敢专也[7]，

清刻本《东周列国志》插图《战长勺曹刿谈兵》，描绘长勺之战前曹刿与鲁庄公交谈的场景

bì yǐ fēn rén duì yuē xiǎo huì wèi biàn mín fú cóng
必以分人。”对曰：“小惠未遍，民弗从

yě gōng yuē xī shēng yù bó fú gǎn jiā yě bì yǐ
也。”公曰：“牺牲玉帛⑧，弗敢加也，必以

xìn duì yuē xiǎo xìn wèi fú shén fú fú yě gōng
信。”对曰：“小信未孚⑨，神弗福也。”公

yuē xiǎo dà zhī yù suī bù néng chá bì yǐ qíng duì
曰：“小大之狱⑩，虽不能察，必以情。”对

yuē zhōng zhī shǔ yě kě yǐ yí zhàn zhàn zé qǐng cóng
曰：“忠之属也⑪，可以一战，战则请从。”

gōng yǔ zhī chéng zhàn yú cháng sháo gōng jiāng gǔ zhī
公与之乘，战于长勺⑫。公将鼓之，

guì yuē wèi kě qí rén sān gǔ guì yuē kě
刿曰：“未可。”齐人三鼓，刿曰：“可

yǐ qí shī bài jì gōng jiāng chí zhī guì yuē wèi
矣。”齐师败绩。公将驰之⑬，刿曰：“未

kě xià shì qí zhé dēng shì ér wàng zhī yuē kě
可。”下视其辙⑭，登轼而望之⑮。曰：“可

yǐ suì zhú qí shī
矣。”遂逐齐师。

jì kè gōng wèn qí gù duì yuē fú zhàn yǒng qì
既克，公问其故。对曰：“夫战，勇气

yě yī gǔ zuò qì zài ér shuāi sān ér jié bǐ jié wǒ
也。一鼓作气，再而衰⑯，三而竭⑰。彼竭我

yíng gù kè zhī fú dà guó nán cè yě jù yǒu fú yān
盈⑱，故克之。夫大国，难测也，惧有伏焉⑲。

wú shì qí zhé luàn wàng qí qí mǐ gù zhú zhī
吾视其辙乱，望其旗靡⑳，故逐之。”

注释

❶齐师：齐国的军队。我：指鲁国。❷公：指鲁庄公。❸曹刿：春秋时鲁国人，有的古书认为就是《史记·刺客列传》中的曹沫。❹乡人：同一个乡的人。乡是古代一种地方行政单位，周制以一万二千五百户为乡。❺肉食者：吃肉的人，这里指位高禄厚的人。❻间：参与。❼专：独享。❽牺牲玉帛：古代祭祀用的物品。牺牲，指牛、羊、猪。玉帛，指玉器和丝织品。❾孚：大信，使深信不疑。❿狱：案件。⓫忠：忠诚，忠于职守。属：类。⓬长勺：鲁国地名，在今山东莱芜东北。⓭驰：驱车追赶。⓮辙：车轮碾过的痕迹。⓯轼：古代车厢前面供人手扶的横木。⓰再：第二次。⓱竭：尽，指士气没有了。⓲盈：指士气旺盛。⓳伏：埋伏，伏兵。⓴靡：倒下。

清绣像本《东周列国志》插图《曹沫手剑劫齐侯》，讲述曹沫（曹刿）在柯地会盟中，劫持齐侯，令其归还鲁国汶阳之田的故事

译文

齐国军队攻打我们鲁国，鲁庄公准备迎战。曹刿请求拜见鲁庄公。他的同乡说：“当权的人自会谋划这件事，你又何必参与呢？”曹刿说：“当权的人目光短浅，没有深谋远虑。”于是去见鲁庄公。

曹刿问：“您依靠什么去作战？”庄公说：“衣食等这些养生的东西，我不敢独自享受，一定分给别人。”曹刿说：“这些小恩小惠不能遍及百姓，百姓是不会跟从您去作战的。”庄公说："祭祀用的猪、牛、羊和玉器、丝织品这些东西，我不敢虚报数目，总是老实地对待鬼神。"曹刿说："这种小信不能使神灵深信不疑，神灵是不会保佑您的。"庄公说："大大小小的诉讼案件，虽然不能一一明察，但都力求做到合情合理。"曹刿说："这是忠于职守的行为，可以凭借这一点去作战，作战时请允许我跟随您一同去。"

庄公和曹刿同坐一辆战车，在长勺和齐军作战。庄公将要擂鼓进军，曹刿说："不行。"等到齐军擂了三通战鼓之后，曹刿说："可以进军了。"齐军大败。庄公又要下令驱车追击，曹刿说："不行。"他下车详细察看齐军车轮碾出的痕迹，又登上战车，扶着车前横木远望齐军撤退的情况，这才说："可以追击了。"于是追击齐军。

打了胜仗后，庄公问曹刿取胜的原因。曹刿回答说："作战，靠的是勇气。擂第一通战鼓，士气振作起来；擂第二通战鼓，士气开始低落；擂第三通战鼓，士气就耗尽了。敌方士气没有了，而我方士气正旺盛，所以战胜了他们。大国的情况难以揣测，怕他们设有伏兵。我看到他们的车辙混乱，望见旗帜倒下，所以才决定追击。"

清绣像本《东周列国志》插图《战长勺曹刿败齐》，讲述曹刿在长勺之战中帮助鲁庄公打败齐国的故事

gōng zhī qí jiàn jiǎ dào

宫之奇谏假道

《左传·僖公五年》

导读

本篇写虞国大夫宫之奇对虞公的劝谏。宫之奇对当时政治形势有深刻了解，分析问题的清晰与敏锐，表现出政治家的深谋远虑。可惜虞公昏聩愚昧，固执己见，拒不接受忠告，最终使虞国灭亡，虞公本人也做了阶下囚。“唇亡齿寒”的典故就出自该篇，道理深刻，流传久远。

原文

jìn hóu fù jiǎ dào yú yú yǐ
晋侯复假道于虞以
fá guó gōng zhī qí jiàn yuē
伐虢[1]。宫之奇谏曰[2]：
guó yú zhī biǎo yě guó
“虢，虞之表也[3]。虢
wáng yú bì cóng zhī jìn bù kě
亡，虞必从之。晋不可
qǐ kòu bù kě wán yī zhī
启[4]，寇不可玩[5]，一之
wéi shèn qí kě zài hū yàn suǒ
谓甚[6]，其可再乎？谚所
wèi fǔ chē xiāng yī chún wáng chǐ hán zhě qí yú guó
谓‘辅车相依，唇亡齿寒’者[7]，其虞、虢
zhī wèi yě
之谓也。”

gōng yuē jìn wú zōng yě qǐ hài wǒ zāi duì
公曰：“晋，吾宗也[8]，岂害我哉？”对

清人绘《历代名臣像解》中的泰伯画像

yuē tài bó yú zhòng tài wáng zhī zhāo yě tài bó bù
曰：“大伯、虞仲⑨，大王之昭也⑩。大伯不
cóng shì yǐ bú sì guózhòng guóshū wáng jì zhī mù yě
从⑪，是以不嗣⑫。虢仲、虢叔⑬，王季之穆也，
wéi wén wáng qīng shì xūn zài wáng shì cáng yú méng fǔ jiāng
为文王卿士⑭，勋在王室，藏于盟府⑮。将
guó shì miè hé ài yú yú qiě yú néng qīn yú huán zhuāng hū
虢是灭，何爱于虞？且虞能亲于桓、庄乎⑯？
qí ài zhī yě huán zhuāng zhī zú hé zuì ér yǐ wéi lù bù wéi
其爱之也，桓、庄之族何罪，而以为戮⑰，不唯
bī hū qīn yǐ chǒng bī yóu shàng hài zhī kuàng yǐ guó hū
逼乎⑱？亲以宠逼，犹尚害之，况以国乎？”

注释

❶晋侯：指晋献公。假道：借道。僖公二年（前658）晋曾向虞借道伐虢，这是第二次，所以说“复假道”。虞：国名，在今山西平陆北。虢：国名，指北虢，在今山西平陆南。❷宫之奇：虞国大夫。❸表：外表，这里指屏障。❹启：启发，这里指启发晋国的贪心。❺玩：轻视、疏忽。❻谓：通“为”。❼辅：面颊。车：牙床骨。❽宗：同姓，同一宗族。❾大伯、虞仲：即泰伯、虞仲，周太王（古公亶父）的长子和次子。❿昭：和下文的穆，都是指宗庙里神主的位次。昭穆为古代宗庙制度，始祖的神主居中，其余分列左右，昭在左，穆在右。父子异列，祖孙同列。太王为穆，其子为昭。⓫不从：不从父命。泰伯知道太王要传位给弟弟王季，

明人绘周文王画像

便和虞仲一起出走。⑫嗣：继承（王位）。⑬虢仲、虢叔：虢国开国始祖，王季的次子和三子，文王的弟弟。王季于周为昭，故虢仲、虢叔为王季之穆。⑭卿士：周王室的执政大臣。⑮盟府：掌管盟誓、典策的官府。⑯桓、庄：桓叔、庄伯，晋献公的曾祖和祖父。晋献公曾尽杀桓叔、庄伯的后代。⑰以为戮：把他们当作杀戮的对象。⑱逼：威胁。

译文

晋献公再次向虞国借道，去攻打虢国。宫之奇规劝虞公说："虢国，是虞国的屏障，虢国灭亡了，虞国也必定跟着灭亡。晋国的贪心不可开启，敌人的阴谋不可轻视。一次借道已经过分，怎么可以再来第二次呢？俗话说'面颊和牙床骨互相依存，嘴唇没了，牙齿就会感到寒冷'，说的正是虞国和虢国的关系吧！"

明刻本《东周列国志》插图《晋荀伯假途灭虢》，描绘晋军灭虢国后顺路灭掉虞国的场景

虞公说："晋国是我们的同宗，怎能伤害我们呢？"宫之奇回答说："泰伯、虞仲是太王的儿子，泰伯不听从父命，所以没有继承王位。虢仲、虢叔是王季的儿子，又都做过周文王的执政大臣，在王室中有功劳，他们受封的典策至今还藏在官府里。现在晋国连虢国都想灭掉，对虞国还有什么爱惜的呢？再说虞与晋的关系能比桓叔、庄伯的后代更亲吗？如果爱惜同宗的话，桓叔、庄伯的后代有什么罪，竟成为杀戮的对象，还不是因为他们对晋献公构成了威胁吗？亲族之间由于权势的威胁，尚且加以杀戮，更何况您有一个国家，不是更使晋献公感到威胁吗？"

原文

gōng yuē　wú xiǎng sì fēng jié　shén bì jù wǒ
公曰：“吾享祀丰洁❶，神必据我❷。”

duì yuē　chénwén zhī　guǐ shén fēi rén shí qīn　wéi dé shì yī
对曰：“臣闻之，鬼神非人实亲❸，惟德是依。

gù zhōu shū yuē　huángtiān wú qīn　wéi dé shì fǔ　yòu
故《周书》曰❹：‘皇天无亲，惟德是辅。’又

yuē　shǔ jì fēi xīn　míng dé wéi xīn　yòu yuē　mín bú
曰：‘黍稷非馨❺，明德惟馨。’又曰：‘民不

yì wù　wéi dé yī wù　rú shì　zé fēi dé mín bù hé　shén
易物，惟德繄物❻。’如是，则非德民不和，神

bù xiǎng yǐ　shén suǒ píng yī　jiāng zài dé yǐ　ruò jìn qǔ yú ér
不享矣。神所冯依❼，将在德矣。若晋取虞而

míng dé　yǐ jiàn xīn xiāng　shén qí tǔ zhī hū
明德以荐馨香❽，神其吐之乎❾？”

fú tīng　xǔ jìn shǐ　gōng zhī qí yǐ qí zú
弗听，许晋使。宫之奇以其族

xíng　yuē　yú bú là yǐ　zài cǐ xíng yě
行，曰：“虞不腊矣❿。在此行也，

jìn bú gèng jǔ yǐ　dōng　jìn mièguó　shī huán
晋不更举矣。”冬，晋灭虢。师还，

guǎn yú yú　suì xí yú　miè zhī　zhí yú gōng
馆于虞⓫，遂袭虞，灭之，执虞公。

春秋晋国铜方壶

注释

❶享祀：祭祀。❷据我：保佑我。❸实：指示代词，复指提前的宾语“人”。❹《周书》：这里所引《周书》已亡佚，下两句见于今本伪《古文

尚书·蔡仲之命》篇。❺黍：黄黏米。稷：粟（谷子）。馨：散布很远的香气。这两句见于今本伪《古文尚书·君陈》篇。❻繄：语气词。这两句见于今本伪《古文尚书·旅獒》篇。❼冯：通“凭”，凭依。❽荐：进献。❾吐：指不食所祭之物。❿腊：腊祭，年终合祭众神。⓫馆：宾馆。这里用作动词，驻扎的意思。

译文

虞公说：“我举行祭祀，祭品丰盛洁净，鬼神必定会保佑我。”宫之奇回答说：“我听说，鬼神对人并不分亲疏，只是保佑有德之人。所以《周书》上说：‘上天对人不分亲疏，只保佑有德之人。’又说：‘黍稷的味道并不芳香，只有品德高尚之人进献的才芳香。’又说：‘人们进献的祭品相同，只有有德行之人的祭品，鬼神才享用。’如此看来，没有德行，百姓就不顺从，鬼神也不享用他的祭品。鬼神所凭依的，只是那些有德之人。如果晋国吞并虞国，而崇尚德行，以芳香的祭品奉献鬼神，鬼神难道会吐出来吗？”

清绣像本《东周列国志》插图《智荀息假途灭虢》，描绘晋献公灭虢国后，看着自己早先送给虢公的宝马大发感慨的场景

虞公不听宫之奇的劝告，答应了晋国使臣借道的请求。宫之奇率领族人逃离虞国，他说：“虞国来不及举行年终腊祭了。晋国就在这次军事行动中灭掉虞国，不必再出兵了。”这年冬天，晋国灭掉虢国。晋军回师途中，驻扎在虞国，突然发动袭击，灭掉虞国，并捉住虞公。

zhú zhī wǔ tuì qín shī

烛之武退秦师

《左传·僖公三十年》

公元前630年，秦晋联军包围郑国国都。危急时刻，郑国老臣烛之武只身前往秦营。由于对秦晋之间貌合神离的关系了如指掌，抓住他们的矛盾，处处从对方的利害立言，最终折服秦穆公，使秦国单独与郑国媾和，罢兵回国，晋国也只好撤退。郑国因此度过危机。

原文

jìn hóu qín bó wéi
晋侯、秦伯围

zhèng yǐ qí wú lǐ
郑❶，以其无礼

yú jìn qiě èr yú chǔ
于晋❷，且贰于楚

yě jìn jūn hán líng
也❸。晋军函陵❹，

qín jūn fán nán yì zhī
秦军氾南❺。佚之

hú yán yú zhèng bó yuē
狐言于郑伯曰❻：

guó wēi yǐ ruò shǐ zhú
“国危矣，若使烛

zhī wǔ jiàn qín jūn shī bì
之武见秦君，师必

tuì gōng cóng zhī
退。”公从之。

清绣像本《东周列国志》中的晋文公画像

cí yuē chén zhī zhuàng yě
辞曰：“臣之壮也，
yóu bù rú rén jīn lǎo yǐ wú
犹不如人；今老矣，无
néng wéi yě yǐ gōng yuē
能为也已。”公曰：
wú bù néng zǎo yòng zǐ jīn
“吾不能早用子，今
jí ér qiú zǐ shì guǎ rén zhī guò
急而求子，是寡人之过
yě rán zhèng wáng zǐ yì yǒu
也。然郑亡，子亦有
bú lì yān xǔ zhī
不利焉！”许之。

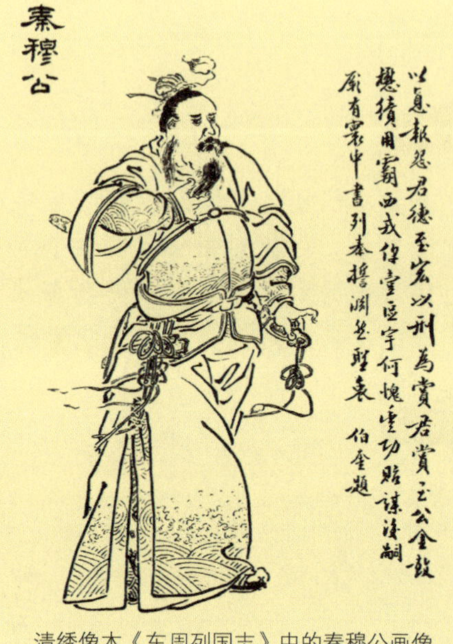

清绣像本《东周列国志》中的秦穆公画像

yè zhuì ér chū jiàn qín bó yuē qín jìn wéi zhèng
夜缒而出[7]，见秦伯曰：“秦、晋围郑，
zhèng jì zhī wáng yǐ ruò wáng zhèng ér yǒu yì yú jūn gǎn yǐ
郑既知亡矣。若亡郑而有益于君，敢以
fán zhí shì yuè guó yǐ bǐ yuǎn jūn zhī qí nán yě yān yòng
烦执事[8]。越国以鄙远[9]，君知其难也，焉用
wáng zhèng yǐ péi lín lín zhī hòu jūn zhī bó yě ruò shě zhèng
亡郑以陪邻[10]？邻之厚，君之薄也。若舍郑
yǐ wéi dōng dào zhǔ xíng lǐ zhī wǎng lái gōng qí fá kùn
以为东道主[11]，行李之往来[12]，共其乏困[13]，
jūn yì wú suǒ hài qiě jūn cháng wéi jìn jūn cì yǐ xǔ jūn jiāo
君亦无所害。且君尝为晋君赐矣[14]，许君焦、
xiá zhāo jì ér xī shè bǎn yān jūn zhī suǒ zhī yě fú jìn
瑕[15]，朝济而夕设版焉[16]，君之所知也。夫晋，

hé yàn zhī yǒu jì dōng fēng zhèng yòu yù sì qí xī fēng
何厌之有？既东封郑[17]，又欲肆其西封[18]，
ruò bù quē qín jiāng yān qǔ zhī quē qín yǐ lì jìn wéi jūn tú
若不阙秦[19]，将焉取之？阙秦以利晋，唯君图
zhī
之。”

qín bó yuè yǔ zhèng rén méng shǐ qǐ zǐ páng sūn
秦伯说[20]，与郑人盟，使杞子、逢孙、
yáng sūn shù zhī nǎi huán zǐ fàn qǐng jī zhī gōng yuē bù
杨孙戍之[21]，乃还。子犯请击之[22]。公曰：“不
kě wēi fú rén zhī lì bù jí cǐ yīn rén zhī lì ér bì zhī
可。微夫人之力不及此[23]。因人之力而敝之[24]，
bù rén shī qí suǒ yù bú zhì yǐ luàn yì zhěng bù
不仁；失其所与[25]，不知[26]；以乱易整[27]，不
wǔ wú qí huán yě yì qù zhī
武[28]。吾其还也。”亦去之。

注释

❶晋侯：晋文公。秦伯：秦穆公。❷无礼：晋文公流亡国外经过郑国时，郑文公没有以礼相待。❸贰：从属二主，这里是依附的意思。❹军：驻扎。函陵：郑国地名，在今河南新郑北。❺氾：水名，即东氾，早已淤

南宋李唐绘《晋文公复国图》（局部），讲述晋文公流亡国外经过郑国时，郑文公不听叔詹劝说，对晋文公没有以礼相待的故事

塞，故道在今河南中牟南。❻佚之狐：郑国大夫。郑伯：郑文公。❼缒：用绳子拴着放下去。❽执事：这里指秦穆公。❾鄙：边疆。❿陪：增加。⓫东道主：东方道路上（招待过客）的主人。郑在秦东，故可以招待秦国过往使者。⓬行李：外交使者。⓭共：通“供”，供给。乏困：指食宿方面的不足。⓮赐：恩惠。⓯焦、瑕：晋国二邑名，在今河南陕县附近。⓰济：渡河。设版：修筑防御工事。⓱封：疆界。这里作动词用。⓲肆：放肆，指极力扩张。⓳阙：损害，削减。⓴说：通“悦”，高兴。㉑杞子、逢孙、杨孙：三人都是秦国大夫。㉒子犯：即狐偃，晋文公的舅父。㉓微：没有。夫人：那人，指秦穆公。㉔敝：损害。㉕所与：同盟者，与国。㉖知：通“智”。㉗易：代替。整：这里是联盟的意思。㉘武，指使用武力是所应遵守的道义准则。

译文

晋文公和秦穆公联合围攻郑国，这是因为郑国曾对晋文公有过失礼的行为，并且依附于楚国，对晋国怀有贰心。当时，晋军驻扎在函陵，秦军驻扎在氾水的南面。佚之狐对郑文公说：“郑国很危险了！如果派烛之武去见秦国国君，秦军一定会撤退的。”郑文公听从了他的建议。可烛之武却推辞说：“我年轻时，尚且不如别人；如今老了，更做不了什么事啦！”郑文公说：“我早先没有重用您，现在有急事才来求您，这是我的过错。然而郑国灭亡了，对您也不利啊！”烛之武答应了这件事。

当天夜里，有人用绳子缚住烛之武，将他从城上放下去，见到秦穆公，烛之武说：“秦、晋两国围攻郑国，郑国已经知道自己就要灭亡了。假如郑国灭亡对您有好处，那就麻烦您进行这次

南宋李唐绘《晋文公复国图》（局部），讲述晋文公流亡国外经过秦国，秦穆公以礼相待的故事

战争。越过邻国把远方的郑国作为秦国的东部边邑，您知道这是很难办的，您何必灭掉郑国来扩大邻国的疆域呢？邻国的实力增强，秦国的实力也就相对削弱了。如果您放弃围攻郑国，而把它当作东方道路上接待过客的主人，贵国的使者来往经过这里，郑国可以随时供应他们缺乏的东西，这对您也没有什么害处。再说，您曾经给予晋惠公恩惠，他答应以焦、瑕两城作为酬谢，可他早上刚渡过黄河回国，晚上就修筑防御工事，这些您都是知道的。晋国哪里会有满足的时候？等他在东边把疆土扩大到郑国，就会再向西边扩展疆土，那时如果不去损害秦国，又能到哪里取得土地呢？削弱秦国对晋国有利，希望您好好考虑这件事！”

清绣像本《东周列国志》插图《老烛武缒城说秦》，描绘烛之武被士兵用绳子缚住放下城去说服秦穆公的场景

秦穆公非常高兴，与郑国订立盟约，派遣杞子、逢孙和杨孙留守那里，自己率大军回国。晋国的狐偃请求出兵袭击秦军。晋文公说：“不行。假如当初没有秦穆公的帮助，我也不会有今天。得到过别人的帮助，反而去伤害他，这是不仁义；失掉自己的同盟国，这是不明智；以混战代替联盟，这是不英武。我们还是回去吧！”于是，晋军也撤出郑国。

zǐ chǎn lùn zhèngkuān měng

子产论政宽猛

《左传·昭公二十年》

导读

宽与猛是古代治理国家的手段，各有长处和不足，子产用火与水作比喻，形象地阐发了二者的辩证关系。子产执政能灵活掌握宽与猛的尺度，宗旨都是使国家繁荣，百姓获利。孔子总结子产宽猛相济治国方针的优点后，称他是“古之遗爱”。该文立论鲜明，文字简洁，为历代政治家所重视。

原文

zhèng zǐ chǎn yǒu jí wèi
郑子产有疾❶，谓

zǐ tài shū yuē wǒ sǐ zǐ
子大叔曰❷：“我死，子

bì wéi zhèng wéi yǒu dé zhě néng yǐ
必为政。唯有德者能以

kuān fú mín qí cì mò rú měng
宽服民，其次莫如猛。

fú huǒ liè mín wàng ér wèi zhī
夫火烈，民望而畏之，

gù xiǎn sǐ yān shuǐ nuò ruò mín
故鲜死焉；水懦弱，民

清人绘《历代名臣像解》中的子产画像

xiá ér wán zhī zé duō sǐ yān gù kuānnán jí shù yuè ér
狎而玩之❸，则多死焉。故宽难。”疾数月而

zú tài shū wéi zhèng bù rěn měng ér kuān zhèng guó duō dào jù
卒。大叔为政，不忍猛而宽。郑国多盗，取

人于萑苻之泽[4]。大叔悔之，曰："吾早从夫子，不及此。"兴徒兵以攻萑苻之盗，尽杀之，盗少止。

仲尼曰[5]："善哉！政宽则民慢，慢则纠之以猛；猛则民残，残则施之以宽。宽以济猛，猛以济宽，政是以和。《诗》曰[6]：'民亦劳止，汔可小康[7]。惠此中国，以绥四方。'施之以宽也。'毋从诡随[8]，以谨无良[9]。式遏寇虐[10]，惨不畏明[11]。'纠之以猛也。'柔远能迩[12]，以定我王。'平之以和也。又曰[13]：'不竞不絿[14]，不刚不柔。布政优优[15]，百禄是遒[16]。'和之至也。"及子产卒，仲尼闻之，出涕曰："古之遗爱也。"

注释

❶子产：春秋时政治家，名侨，字子产。郑简公时为执政大夫。❷子大叔：即游吉，郑简公、郑定公时为卿。郑定公八年（前522）继子产执政。❸狎：轻忽。❹取：通“聚”。萑苻之泽：郑国泽名，据说那里常有盗贼聚集出没。❺仲尼：孔子（前551～前479），名丘，字仲尼。春秋末期思想家、教育家，儒家创始人。❻《诗》：即《诗经》，语见《诗经·大雅·民劳》。❼汔：接近，差不多。❽从：通“纵”，放纵。诡随：欺诈善变。❾谨：约束。❿式：句首语气词。⓫憯：通“憯”，曾经。⓬柔：安抚。能：亲善。迩：近。⓭又曰：语见《诗经·商颂·长发》。⓮竞：争。絿：急，急躁。⓯优优：平和的样子。⓰遒：迫近，聚集。

山东曲阜衍圣公府藏明人绘孔子画像

译文

郑国子产有病，对子大叔说：“我死以后，您必定掌管国家政事。只有德行高尚的人，才能用宽政使民众服从，而德行较差的人治国，就不如用猛政。火性猛烈，民众远远望见就害怕它，所以很少有人被烈火烧死；水性懦弱，民众常常接近而忽视它，因此被水淹死的人就很多。所以实行宽政很难。”子产病了数月后去世。大叔执政，不忍实

明刻本《三才图会》中的子产画像

行猛政，而采用宽政。于是郑国的盗贼就多起来，他们聚集于萑苻之泽中。大叔感到后悔，说："假如我早听子产的话，就不会到此地步。"于是发兵攻打萑苻的盗贼，将他们全部杀死，郑国的盗贼才稍微减少了一些。

清石印本《东周列国志》插图《子产铸刑鼎》，讲述子产改革，铸造刑鼎的故事

孔子说："好啊！施行宽政，民众就怠慢，民众怠慢，就用猛政加以纠正；施行猛政，民众就受伤害，民众受伤害，就用宽政加以安抚。用宽政补救猛政的缺失，用猛政弥补宽政的不足，政治因此就会平和。《诗经》中说：'民众也劳累了，希望能稍稍得到休息。爱抚王畿的民众，以安定四方。'这就是施行宽政啊！'不要纵容奸诈之人，警惕他们居心不良。制止掠夺暴虐行为，从不怕他们足智逞强。'这就是用猛政来纠正啊！'怀柔远方，如同近处，从而安定我们的君王。'这就是用平和的政策来使国家安定啊！《诗经》上又说：'不争斗不急躁，不刚猛不柔弱。施政平和，所有福禄汇集过来。'这就是平和政治的极致啊！"等到子产去世，孔子听说后，流着眼泪说："子产继承了古人仁爱的遗风啊！"

zōu jì fěng qí wáng nà jiàn

邹忌讽齐王纳谏

《战国策·齐策》

《战国策》是记载战国时期各国史事的资料汇编，上起三家分晋，下至战国末年，包括东周、西周、秦、齐、楚、赵、魏、韩、燕、宋、卫、中山等十二策，作者已不可考，后经西汉刘向编校而成，共三十三篇。《战国策》保存了当时游说之士从事政治活动的大量记载，具有独特的论辩风格，说理文思开阔，寓意深刻，论辩周密，气势纵横；善用比喻说明抽象道理，语言流畅犀利，渲染夸张有声有色，人物形象活跃生动，对后世散文创作影响深远。

明刻本《战国策》书影

本文选自《战国策·齐策》，写邹忌劝说齐王纳谏，正确对待自己，从而励精图治的故事。文中围绕邹忌两次窥镜，以及与妻、妾、宾客的问答，把他与徐公比美前后的心理变化刻画得活灵活现。全文层层递进，语言简洁生动，所阐明的道理虽然浅近，却富有启发性。

zōu jì xiū bā chǐ yǒu yú ér xíng mào yì lì zhāo fú

邹忌修八尺有余[1]，而形貌昳丽[2]。朝服

yī guān kuī jìng wèi qí qī yuē wǒ shú yǔ chéng běi xú

衣冠，窥镜[3]，谓其妻曰：“我孰与城北徐

gōng měi qí qī yuē jūn měi shèn xú gōng hé néng jí jūn

公美？”其妻曰：“君美甚，徐公何能及君

yě chéng běi xú gōng qí guó zhī měi lì zhě
也！”城北徐公，齐国之美丽者
yě jì bú zì xìn ér fù wèn qí qiè yuē
也。忌不自信，而复问其妾曰：
wú shú yǔ xú gōng měi qiè yuē xú
“吾孰与徐公美？”妾曰：“徐
gōng hé néng jí jūn yě dàn rì kè
公何能及君也！”旦日[4]，客
cóng wài lái yǔ zuò tán wèn zhī wú yǔ
从外来，与坐谈，问之：“吾与
xú gōng shú měi kè yuē xú gōng bú
徐公孰美？”客曰：“徐公不
ruò jūn zhī měi yě
若君之美也。”

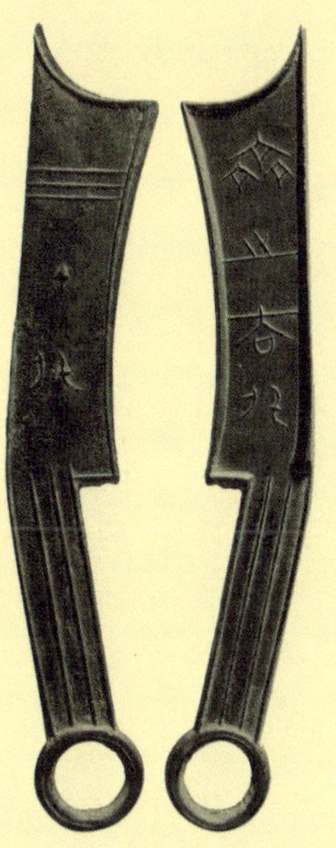
春秋齐国齐之法化刀币

míng rì xú gōng lái shú shì zhī zì yǐ wéi bù rú
明日，徐公来。孰视之[5]，自以为不如；
kuī jìng ér zì shì yòu fú rú yuǎn shèn mù qǐn ér sī zhī
窥镜而自视，又弗如远甚。暮，寝而思之，
yuē wú qī zhī měi wǒ zhě sī wǒ yě qiè zhī měi wǒ
曰：“吾妻之美我者，私我也[6]；妾之美我
zhě wèi wǒ yě kè zhī měi wǒ zhě yù yǒu qiú yú wǒ yě
者，畏我也；客之美我者，欲有求于我也。”

注释

❶邹忌：战国时齐人，齐威王时任相国，辅佐威王改革政治。修：长，这里指身高。❷昳丽：潇洒漂亮。❸窥镜：对着镜子端详自己的容貌。❹旦日：明天，这里指第二天。❺孰：通“熟”，仔细。❻私：偏爱。

译文

清绣像本《东周列国志》插图《邹忌鼓琴取相》，讲述邹忌鼓琴取得相位的故事

邹忌身高八尺多，而且体形容貌潇洒漂亮。一天早晨，邹忌穿戴好衣帽，在镜中端详自己的容貌，问妻子：“我和城北徐公比，谁更漂亮？”妻子说：“您漂亮极了，徐公怎么能比得上您呢！”城北徐公是齐国的美男子。邹忌不相信自己比徐公漂亮，又问他的妾：“我和徐公相比，谁更漂亮？”妾说：“徐公哪能比得上您呢！”第二天，有位客人从外面来拜访，邹忌与他相坐而谈，问他：“我和徐公比，谁更漂亮？”客人说：“徐公不如您漂亮。”

又过了一天，徐公来了。邹忌仔细地看他，自认为不如徐公漂亮；照着镜子看自己，更觉得自己与徐公相差甚远。晚上，他躺在床上琢磨这件事，说：“我的妻子说我漂亮，是偏爱我；我的妾说我漂亮，是害怕我；客人说我漂亮，是有求于我。”

原文

yú shì rù cháo jiàn wēi wáng yuē chén chéng zhī bù rú
于是入朝见威王[1]，曰：“臣诚知不如

xú gōng měi chén zhī qī sī chén chén zhī qiè wèi chén chén zhī kè yù
徐公美。臣之妻私臣，臣之妾畏臣，臣之客欲

yǒu qiú yú chén jiē yǐ měi yú xú gōng jīn qí dì fāng qiān lǐ
有求于臣，皆以美于徐公。今齐地方千里，

bǎi èr shí chéng gōng fù zuǒ yòu mò bù sī wáng cháo tíng zhī chén
百二十城，宫妇左右莫不私王[2]，朝廷之臣

mò bú wèi wáng sì jìng zhī nèi mò bù yǒu qiú yú wáng yóu cǐ guān
莫不畏王，四境之内莫不有求于王。由此观

zhī wáng zhī bì shèn yǐ
之，王之蔽甚矣[3]。”

wáng yuē shàn nǎi xià lìng qún chén lì mín
王曰：“善。”乃下令：“群臣吏民

néng miàn cì guǎ rén zhī guò zhě shòu shàng shǎng shàng shū jiàn guǎ
能面刺寡人之过者[4]，受上赏；上书谏寡

rén zhě shòu zhōng shǎng néng bàng yì yú shì cháo wén guǎ rén
人者，受中赏；能谤议于市朝[5]，闻寡人

zhī ěr zhě shòu xià shǎng lìng
之耳者[6]，受下赏。”令

chū xià qún chén jìn jiàn mén tíng ruò
初下，群臣进谏，门庭若

shì shù yuè zhī hòu shí shí ér jiàn
市；数月之后，时时而间

jìn jī nián zhī hòu suī yù
进[7]；期年之后[8]，虽欲

yán wú kě jìn zhě yān zhào
言，无可进者。燕、赵、

hán wèi wén zhī jiē cháo yú qí
韩、魏闻之，皆朝于齐。

cǐ suǒ wèi zhàn shèng yú cháo tíng
此所谓战胜于朝廷[9]。

明焦竑著《养正图解》插图《旌贤去奸》，讲述齐威王表彰贤人，摒除奸佞的故事

注释

❶威王：战国时齐国国君，名因齐，前356至前320年在位。❷宫妇：宫里的姬妾。左右：身边的近臣。❸蔽：受蒙蔽。❹面刺：当面指责。❺谤：公开指责别人的过错。市朝：众人集聚的公共场所。❻闻："使……听到"的意思。❼间：间或，偶然。❽期年：满一年。期，满。❾战胜于朝廷：把国内的事情办好，不必用兵，就能战胜敌国。

清吴历绘《人物故事图册》之一，根据《史记·滑稽列传》记载，讲述战国时淳于髡劝谏齐威王不要长夜饮乐，不治朝政的故事

译文

于是，邹忌上朝拜见齐威王，说："我确实知道自己比不上徐公漂亮。可是我的妻子偏爱我，我的妾害怕我，我的客人有求于我，所以他们都认为我比徐公漂亮。如今齐国的领土方圆千里，城池一百二十座，宫中的姬妾及身边近臣没有谁不偏爱大王，朝中大臣没有谁不惧怕大王，齐国百姓没有谁不有求于大王。由此看来，大王受到的蒙蔽太严重了！"

齐威王说："说的好！"于是下令："大臣、官吏和百姓，能当面指出我的过错，给予上等奖赏；能上书规劝我，给予中等奖赏；能在公共场所指责我的过失，并传到我的耳朵里，给予下等奖赏。"命令刚下达的时候，许多大臣都上朝进谏，宫门和庭院像集市一样热闹；几个月以后，还不时有人偶尔进谏；满一年以后，即使有人想提意见，也没什么可说的了。燕、赵、韩、魏等国听说这件事，都到齐国来朝拜。这就是人们所说的把国内的事情办好，不必用兵，就能战胜敌国。

zhào wēi hòu wèn qí shǐ

赵威后问齐使

《战国策·齐策》

导读

本文选自《战国策·齐策》，记述赵威后对齐使的连续发问，前三问着眼社会经济问题，后四问婉转批评齐国政治现状，自始至终体现出赵威后所持君轻民贵、以民为本的政治思想，堪称古代女政治家的典范。全文章法句式严整，不论正面设问，还是反诘责难，无不辞婉意庄，言出理随，令人信服。

原文

qí wáng shǐ shǐ zhě wèn
齐王使使者问

zhào wēi hòu　shū wèi fā
赵威后[1]。书未发[2]，

wēi hòu wèn shǐ zhě yuē　suì
威后问使者曰：“岁

yì wú yàng yé　mín yì wú
亦无恙耶[3]？民亦无

战国云纹铜犀尊

yàng yé　wáng yì wú yàng yé　shǐ zhě bú yuè　yuē　chén
恙耶？王亦无恙耶？”使者不说[4]，曰：“臣

fèng shǐ shǐ wēi hòu　jīn bú wèn wáng ér xiān wèn suì yǔ mín　qǐ xiān
奉使使威后，今不问王而先问岁与民，岂先

jiàn ér hòu zūn guì zhě hū　wēi hòu yuē　bù rán　gǒu wú
贱而后尊贵者乎？”威后曰：“不然。苟无

suì　hé yǐ yǒu mín　gǒu wú mín　hé yǐ yǒu jūn　gù yǒu wèn
岁，何以有民？苟无民，何以有君？故有问，

shě běn ér wèn mò zhě yé
舍本而问末者耶？”

nǎi jìn ér wèn zhī yuē
乃进而问之曰：

qí yǒu chǔ shì yuē zhōng lí
“齐有处士曰钟离

zǐ wú yàng yé shì qí
子[5]，无恙耶？是其

wéi rén yě yǒu liáng zhě yì
为人也，有粮者亦

战国齐人形铜灯

sì wú liáng zhě yì sì yǒu yī zhě yì yì wú yī zhě yì
食[6]，无粮者亦食；有衣者亦衣[7]，无衣者亦

yì shì zhù wáng yǎng qí mín zhě yě hé yǐ zhì jīn bú yè yě
衣。是助王养其民者也，何以至今不业也[8]？

shè yáng zǐ wú yàng hū shì qí wéi rén āi guān guǎ xù
叶阳子无恙乎[9]？是其为人，哀鳏寡[10]，恤

gū dú zhèn kùn qióng bǔ bù zú shì zhù wáng xī qí mín
孤独[11]，振困穷[12]，补不足。是助王息其民

zhě yě hé yǐ zhì jīn bú yè yě běi gōng zhī nǚ yīng ér zǐ
者也[13]，何以至今不业也？北宫之女婴儿子

wú yàng yé chè qí huán tiàn zhì lǎo bú jià yǐ yǎng fù
无恙耶[14]？撤其环瑱[15]，至老不嫁，以养父

mǔ shì jiē shuài mín ér chū yú xiào qíng zhě yě hú wéi zhì jīn bù
母。是皆率民而出于孝情者也，胡为至今不

cháo yě cǐ èr shì fú yè yì nǚ bù cháo hé yǐ wàng qí
朝也[16]？此二士弗业，一女不朝，何以王齐

guó zǐ wàn mín hū wū líng zǐ zhòng shàng cún hū shì qí
国，子万民乎[17]？於陵子仲尚存乎[18]？是其

wéi rén yě　shàng bù chén yú wáng　xià bú zhì qí jiā　zhōng bù suǒ
为人也，上不臣于王，下不治其家，中不索
jiāo zhū hóu　cǐ shuài mín ér chū yú wú yòng zhě　hé wéi zhì jīn
交诸侯⑲。此率民而出于无用者，何为至今
bù shā hū
不杀乎？”

注释

❶齐王：战国时齐王田建，齐襄王之子。前264至前221年在位。问：聘问。赵威后：赵孝成王之母。❷发：启封。❸恙：灾害。❹说：通“悦”，高兴。❺处士：有道德才能而隐居不仕的人。钟离子：齐国处士，复姓钟离。❻食：拿食物给人吃。❼衣：拿衣服给人穿。❽不业：不让他成就功业。❾叶阳子：齐国处士，复姓叶阳。❿鳏：老而无妻。寡：老而无夫。⓫恤：抚恤。孤：幼而无父。独：老而无子。⓬振：通“赈”，救济。⓭息：养育。⓮北宫之女婴儿子：齐国有名的孝女，姓北宫，名婴儿子。⓯环瑱：泛指女子的装饰品。环：指耳环、手镯。瑱：一种玉制的耳饰。⓰不朝：不上朝。古代妇女有封号的才能上朝。这里指不给封号。⓱子：动词，当作子女。⓲於陵子仲：齐国隐士。於陵：齐邑名，在今山东邹平东南。⓳索：求。

明陈洪绶绘《博古叶子》中的於陵仲子画像

译文

齐王派遣使者去问候赵威后，书信还没有启封，威后就问使者道：“今年的年成还好吧？百姓还好吧？齐王还好吧？”使者很不高兴，说：“下臣奉命出使来问候您，现在您不问齐王，反而先问年成和百姓，岂不是把卑贱的放在前面，把尊贵的放在后面吗？”威后说：“不是这样。假如没有收成，哪里有百姓？假如没有百姓，哪里有国君？因而有所询问，难道不先问根本反而先问末节吗？”

威后进而又问使者道：“齐国有个处士叫钟离子，他还好吧？这个人的为人，有粮食的人给他们食物吃，没粮食的人也给他们食物吃；有衣服穿的人给他们衣服穿，没衣服穿的人也给他们衣服穿。这是帮助国君抚养百姓的人，为什么到现在还没有让他成就功业？叶阳子还好吧？这个人的为人，怜悯那些无妻无夫的人，抚恤那些无父无子的人，救济那些困苦贫穷的人，补助那些缺衣少食的人。这是帮助国君养育百姓的人，为什么到现在还没有让他成就功业？北宫氏的女儿婴儿子还好吧？她摘掉耳环等装饰品，到老不嫁，来奉养父母。这是带领百姓尽孝心的人，为什么到现在还没有受到齐王的接见呢？两个贤士没有成就功业，一个孝女没有封号，齐王靠什么来统治齐国，做百姓的父母呢？於陵子仲还在吗？这个人的为人，对上不向国君称臣，对下不治理自己的家庭，对自己不谋求同诸侯交往，这是带领百姓无所作为的人，为什么到现在还不杀掉呢？”

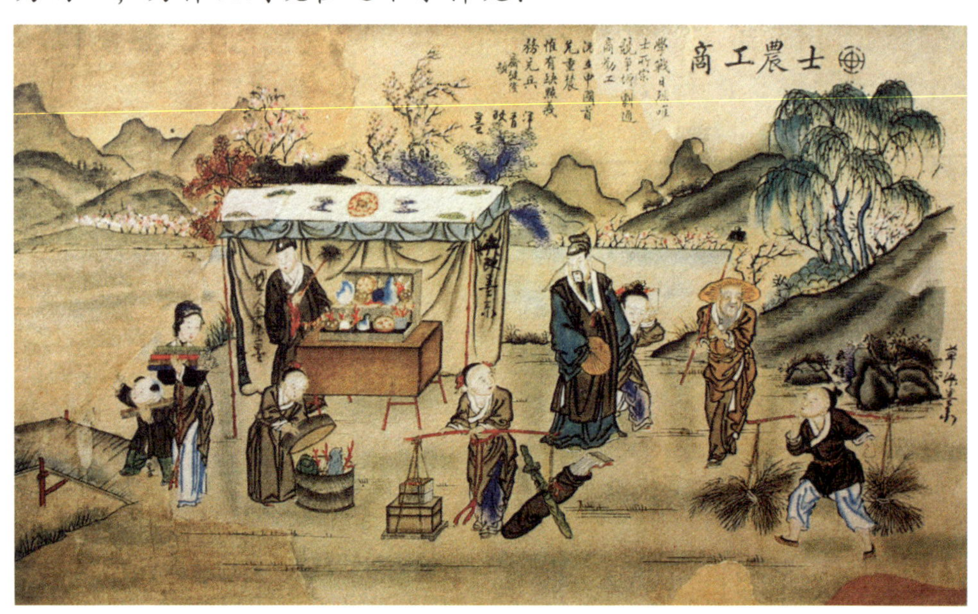

清代年画《士农工商》，表现春秋战国时代就已定型的古代职业

chù lóng shuì zhào tài hòu

触龙说赵太后

《战国策·赵策》

导读

本文选自《战国策·赵策》，记述赵国老臣触龙劝说赵太后送幼子长安君到齐国作人质，以取得援军救赵的故事。赵太后溺爱幼子，拒绝群臣劝谏。而触龙针对赵太后心理，一番委婉诚恳而富人情味的劝谏，令赵太后平息怒气，心悦诚服地将爱子送到齐国作人质。触龙的爱国热忱、胆识机智，以及以柔胜刚的语言艺术，无不令人印象深刻。

原文

zhào tài hòu xīn yòng shì　qín jí gōng
赵太后新用事[1]，秦急攻
zhī　zhào shì qiú jiù yú qí　qí yuē　bì yǐ
之。赵氏求救于齐。齐曰："必以
cháng ān jūn wéi zhì　bīng nǎi chū　tài hòu
长安君为质[2]，兵乃出。"太后
bù kěn　dà chén qiǎng jiàn　tài hòu míng wèi zuǒ
不肯，大臣强谏[3]。太后明谓左
yòu　yǒu fù yán lìng cháng ān jun wéi zhì zhě　lǎo fù bì tuò qí
右[4]："有复言令长安君为质者，老妇必唾其
miàn
面[5]！"

战国安阳平足布

zuǒ shī chù lóng yuàn jiàn　tài hòu shèng qì ér yī zhī
左师触龙愿见[6]，太后盛气而揖之[7]。
rù ér xú qū　zhì ér zì xiè yuē　lǎo chén bìng zú　céng
入而徐趋[8]，至而自谢曰[9]："老臣病足，曾

bù néng jí zǒu bù dé jiàn jiǔ yǐ qiè zì shù ér kǒng tài
不能疾走[10]，不得见久矣。窃自恕[11]，而恐太

hòu yù tǐ zhī yǒu suǒ xì yě gù yuàn wàng jiàn tài hòu
后玉体之有所郄也[12]，故愿望见[13]。”太后

yuē lǎo fù shì niǎn ér xíng yuē rì shí yǐn dé wú
曰：“老妇恃辇而行[14]。”曰：“日食饮得无

shuāi hū yuē shì zhōu ěr yuē lǎo chén jīn
衰乎？”曰：“恃鬻耳[15]。”曰：“老臣今

zhě shū bú yù shí nǎi zì qiǎng bù rì sān sì lǐ shāo yì shì
者殊不欲食，乃自强步[16]，日三四里，少益嗜

shí hé yú shēn tài hòu yuē lǎo fù bù néng tài
食[17]，和于身[18]。”太后曰：“老妇不能。”太

hòu zhī sè shāo jiě
后之色少解[19]。

注释

战国嵌金银鸟耳壶

❶赵太后新用事：前266年，赵惠文王去世，因其子孝成王年幼，由惠文王之妻赵威后执政。❷长安君：赵威后幼子的封号。质：人质。❸强：极力，竭力。❹左右：赵太后身边的近臣。❺唾：吐唾沫。❻触龙：赵国的左师（官名）。❼揖：应作“胥”，同“须”，等待。❽徐趋：触龙患脚疾，作出快步走的样子，但走得很慢。❾谢：谢罪，认错。❿曾：竟然。⓫自恕：自己原谅自己。⓬郄：通“隙”，欠缺，不舒服。⓭望见：远远地望见，是一种谦恭的说法。⓮辇：古时国君所乘的用人推拉的车子。⓯鬻：通“粥”。⓰强：勉强。⓱嗜：喜爱。⓲和于身：使身体舒适。⓳少解：稍稍缓解。

译文

赵太后刚刚开始执政，秦国就加紧进攻赵国。赵国向齐国求

救。齐国说："必须以长安君为人质，才能出兵。"赵太后不同意，大臣们极力劝说。太后公开告诉左右侍臣："有再说让长安君做人质的，我一定把唾沫吐到他的脸上！"

战国螭梁盉

左师触龙要求拜见太后，太后怒气冲冲地等着他。触龙走入殿内，缓慢地碎步前进，到了太后面前谢罪道："老臣的脚有毛病，竟然不能快走，很久没有见您了。我私下原谅自己，但又怕太后身体欠安，所以想来拜见太后。"太后说："我要靠车子才能行动。"触龙问："每天的饮食不会减少吧？"太后说："就靠喝点粥罢了。"触龙说："老臣近来特别不想吃饭，就勉强散散步，每天走三四里，稍微增加点自己喜欢吃的食物，身体舒适了一些。"太后说："我做不到。"太后的怒色稍微和缓了一些。

原文

zuǒ shī gōng yuē　lǎo chén jiàn xī shū qí　zuì shào
左师公曰[1]："老臣贱息舒祺[2]，最少，
bú xiào　ér chén shuāi　qiè ài lián zhī　yuàn lìng dé bǔ hēi yī
不肖[3]；而臣衰，窃爱怜之，愿令得补黑衣
zhī shù　yǐ wèi wáng gōng　mò sǐ yǐ wén　tài hòu yuē
之数[4]，以卫王宫。没死以闻[5]。"太后曰：
jìng nuò　nián jǐ hé yǐ　duì yuē　shí wǔ suì yǐ　suī
"敬诺。年几何矣？"对曰："十五岁矣。虽
shào　yuàn jí wèi tián gōu hè ér tuō zhī　tài hòu yuē　zhàng
少，愿及未填沟壑而托之[6]。"太后曰："丈
fū yì ài lián qí shào zǐ hū　duì yuē　shèn yú fù rén
夫亦爱怜其少子乎？"对曰："甚于妇人。"

tài hòu yuē　fù rén yì shèn　duì yuē　lǎo chén qiè yǐ wéi
太后曰：“妇人异甚。”对曰：“老臣窃以为
ǎo zhī ài yān hòu　xián yú cháng ān jūn　yuē　jūn guò
媪之爱燕后❼，贤于长安君❽。”曰：“君过
yǐ　bú ruò cháng ān jūn zhī shèn
矣！不若长安君之甚。”

zuǒ shī gōng yuē　fù mǔ zhī ài zǐ　zé wèi zhī jì shēn
左师公曰：“父母之爱子，则为之计深
yuǎn　ǎo zhī sòng yān hòu yě　chí qí zhǒng　wèi zhī qì
远❾。媪之送燕后也，持其踵❿，为之泣，
niàn bēi qí yuǎn yě　yì āi zhī yǐ　yǐ xíng　fēi fú sī yě
念悲其远也，亦哀之矣⓫。已行，非弗思也，
jì sì bì zhù zhī　zhù yuē　bì wù shǐ fǎn　qǐ fēi jì
祭祀必祝之⓬，祝曰：‘必勿使反⓭。’岂非计
jiǔ cháng　yǒu zǐ sūn xiāng jì wéi wáng yě zāi　tài hòu yuē
久长⓮，有子孙相继为王也哉？”太后曰：
rán
“然。”

注释

❶公：对人的尊称。❷贱息：对别人谦称自己的儿子。息：儿子。舒祺：触龙幼子的名字。❸不肖：不成材，没出息。❹黑衣：卫士的代称。当时王宫卫士皆穿黑衣。❺没死：冒着死罪。❻填沟壑：指死亡，是委婉的说法。❼媪：对老年妇女的尊称。燕后：赵太后的女儿，嫁给燕王为妻。❽贤：胜过，超过。❾计深远：作长远打算。❿持其踵：握着脚后跟。⓫哀：哀怜。⓬祝：祷告。⓭必勿使反：千万不要让她回来。反：同“返”。古代诸侯之女嫁到别国，只有被废或亡国的情况下，才能返回本国。⓮岂非：难道不是。

译文

触龙说："老臣的犬子舒祺，年纪最小，不成器；可是臣已衰老，心里却很疼爱他，希望能让他补充黑衣卫士的人数，以保卫王宫。我冒着死罪来禀告太后。"太后说："可以。他多大了？"触龙回答："十五岁了。虽然还小，但想趁我未死之前把他托付给您。"太后说："男人也疼爱他的小儿子吗？"触龙答道："比女人爱得厉害些。"太后说："女人爱得特别厉害。"触龙说："老臣私下认为太后爱燕后胜过长安君。"太后说："您错了，不像疼爱长安君那样厉害。"

战国木雕梅花鹿

触龙说："父母疼爱儿女，就要为他们考虑得长远些。太后送燕后出嫁时，握着她的脚后跟，为她哭泣，惦念、伤心她远嫁，实在让人感到哀痛。她走了以后，不是不想念她了，每逢祭祀时总要为她祈祷，祈祷说：'一定别让她回来啊！'这难道不是从长远考虑，希望她的子孙世代相继为燕王吗？"太后说："是这样。"

原文

zuǒ shī gōng yuē jīn sān shì yǐ qián zhì yú zhào
左师公曰："今三世以前❶，至于赵

zhī wéi zhào zhào wáng zhī zǐ sūn hóu zhě qí jì yǒu zài zhě
之为赵❷，赵王之子孙侯者❸，其继有在者

hū yuē wú yǒu yuē wēi dú zhào zhū hóu yǒu
乎？"曰："无有。"曰："微独赵❹，诸侯有

汉代画像石中的车马出行图

zài zhě hū yuē lǎo fù bù wén
在者乎？”曰：“老妇不闻
yě cǐ qí jìn zhě huò jí shēn
也。”“此其近者祸及身，
yuǎn zhě jí qí zǐ sūn qǐ rén zhǔ zhī
远者及其子孙。岂人主之
zǐ sūn zé bì bú shàn zāi wèi zūn
子孙则必不善哉[5]？位尊
ér wú gōng fèng hòu ér wú láo ér xié zhòng qì duō yě jīn
而无功，奉厚而无劳[6]，而挟重器多也[7]。今
ǎo zūn cháng ān jūn zhī wèi ér fēng zhī yǐ gāo yú zhī dì duō
媪尊长安君之位，而封之以膏腴之地[8]，多
yǔ zhī zhòng qì ér bù jí jīn lìng yǒu gōng yú guó yí dàn shān
予之重器，而不及今令有功于国。一旦山
líng bēng cháng ān jūn hé yǐ zì tuō yú zhào lǎo chén yǐ ǎo wèi
陵崩[9]，长安君何以自托于赵[10]？老臣以媪为
cháng ān jūn jì duǎn yě gù yǐ wéi qí ài bú ruò yān hòu tài
长安君计短也，故以为其爱不若燕后。”太
hòu yuē nuò zì jūn zhī suǒ shǐ zhī yú shì wèi cháng ān
后曰：“诺，恣君之所使之[11]。”于是为长安
jūn yuē chē bǎi shèng zhì yú qí qí bīng nǎi chū
君约车百乘[12]，质于齐，齐兵乃出。

zǐ yì wén zhī yuē rén zhǔ zhī zǐ yě gǔ ròu zhī
子义闻之[13]，曰：“人主之子也，骨肉之
qīn yě yóu bù néng shì wú gōng zhī zūn wú láo zhī fèng yǐ shǒu
亲也，犹不能恃无功之尊，无劳之奉，以守
jīn yù zhī zhòng yě ér kuàng rén chén hū
金玉之重也，而况人臣乎！”

注释

❶三世以前：指曾祖赵肃侯时。三世：三代，指武灵王、惠文王、孝成王三代。❷赵之为赵：赵氏家族建立赵国的时候，前403年韩、赵、魏三家分晋，赵烈侯建立赵国。❸侯：名词用作动词，封侯。❹微独：不仅，不只是。❺人主：国君，诸侯。❻奉：同“俸”，俸禄。❼挟：挟持，拥有。重器：象征国家权力的贵重器物，如钟鼎之类。❽膏腴：比喻土地肥沃。❾山陵崩：比喻国君死亡，这里指赵威后去世。❿自托：托身，立足。⓫恣：任凭。⓬乘：四马一车为一乘。⓭子义：赵国贤士。

清绣像本《东周列国志》中的赵武灵王画像

译文

触龙说：“从现在算起往上推三代，一直到赵氏建立赵国的时候，赵国国君子孙封侯的，他们的继承人还有在位的吗？”太后说：“没有。”触龙又问：“不仅是赵国，其他诸侯子孙封侯的，其继承人还有在位的吗？”太后说：“我没有听说过。”触龙说：“这大概就是，近的灾祸落到自己身上，远的灾祸累及子孙。难道国君的子孙就一定不好吗？只是因为他们地位尊贵却没有功勋，俸禄优厚却没有劳绩，而且拥有大量的贵重宝器。现在太后让长安君的地位尊贵，并且把肥沃的土地封给他，还给他很多贵重的宝器，却不趁现在让他有功于国。有朝一日您不在了，长安君凭什么在赵国立身呢？老臣认为太后为长安君考虑得短浅，所以认为您对他的爱不如燕后。”太后说：“好吧，任凭您怎样支使他都行。”于是为长安君准备一百辆车子，到齐国作人质，齐国出兵救赵。

子义听到这事，说：“国君的儿子，可算是国君的亲骨肉了，尚且不能凭靠无功的尊位、无绩的俸禄来守住金玉宝器，更何况是做臣子的呢！”

táng jū bù rǔ shǐ mìng

唐雎不辱使命

《战国策·魏策》

本文选自《战国策·魏策》，描写唐雎出使秦国，由于坚持正义，不畏强暴，最终战胜强秦，圆满完成使命的故事。面对骄横的秦王，唐雎临危不惧，针锋相对，寸步不让，迫使秦王收敛气焰，长跪致歉。文章旨在鞭挞秦王的狡伪凶险，颂扬唐雎坚持正义的高尚精神，以及宁为玉碎、不为瓦全的非凡胆魄。

原文

qín wáng shǐ rén wèi ān líng jūn yuē guǎ rén yù yǐ wǔ bǎi lǐ zhī dì yì ān líng ān líng jūn qí xǔ guǎ rén ān líng jūn yuē dà wáng jiā huì yǐ dà yì xiǎo shèn shàn suī rán shòu dì yú xiān wáng yuàn zhōng shǒu zhī fú gǎn yì qín wáng bú yuè ān líng jūn yīn shǐ táng jū shǐ yú qín

秦王使人谓安陵君曰[1]：“寡人欲以五百里之地易安陵[2]，安陵君其许寡人！”安陵君曰：“大王加惠，以大易小，甚善；虽然，受地于先王，愿终守之，弗敢易！”秦王不说[3]。安陵君因使唐雎使于秦[4]。

清绣像本《东周列国志》中的秦始皇画像

秦王谓唐雎曰："寡人以五百里之地易安陵，安陵君不听寡人，何也？且秦灭韩亡魏❺，而君以五十里之地存者，以君为长者❻，故不错意也❼。今吾以十倍之地，请广于君❽，而君逆寡人者❾，轻寡人与？"唐雎对曰："否，非若是也。安陵君受地于先王而守之，虽千里不敢易也，岂直五百里哉❿？"

注释

❶秦王：即秦始皇嬴政，当时还没有称皇帝。安陵君：以安陵为封地的君主。❷安陵：魏国的附庸国，在今河南鄢陵西北。❸说：同"悦"，高兴。❹唐雎：魏国大臣。❺灭韩亡魏：秦王政前230年灭韩，前225年灭魏。❻长者：忠厚仁爱之人。❼错意：措意，在意。❽广：扩大。❾逆：违背。❿直：只，仅仅。

译文

秦王派人对安陵君说："我打算用方圆五百里的土地交换安陵，安陵君一定要答应我！"安陵君说："大王给予恩惠，用大块土地换取小块土地，真是好得很。即使这样，可我从先王那里接受了封地，愿意始终守卫它，不敢拿来交换！"秦王很不高兴。因此安陵君派遣唐雎出使秦国。

陕西秦始皇陵出土的铜车马

秦王对唐雎说：“我用方圆五百里的土地交换安陵，安陵君却不答应，为什么呢？况且秦国灭亡韩国、魏国，但安陵君却凭借方圆五十里的土地幸存下来，是因为我把安陵君看作忠厚的长者，所以不打他的主意。现在我用十倍的土地，让安陵君扩大领土，但他违背我的意愿，这不是轻视我吗？”唐雎回答说：“不，并不是这样的。安陵君从先王那里接受封地并守卫它，即使有方圆千里的土地也不敢交换，更何况只有五百里的土地呢？”

原文

qín wáng fú rán nù wèi táng jū yuē gōng yì cháng
秦王怫然怒[1]，谓唐雎曰：“公亦尝

wén tiān zǐ zhī nù hū táng jū duì yuē chén wèi cháng wén
闻天子之怒乎？”唐雎对曰：“臣未尝闻

yě qín wáng yuē tiān zǐ zhī nù fú shī bǎi wàn
也。”秦王曰：“天子之怒，伏尸百万[2]，

liú xuè qiān lǐ táng jū yuē dà wáng cháng wén bù yī zhī
流血千里。”唐雎曰：“大王尝闻布衣之

nù hū qín wáng yuē bù yī zhī nù yì miǎn guān
怒乎[3]？”秦王曰：“布衣之怒，亦免冠

tú xiǎn yǐ tóu qiāng dì ěr táng jū yuē cǐ yōng
徒跣[4]，以头抢地耳[5]。”唐雎曰：“此庸

fū zhī nù yě fēi shì zhī nù
夫之怒也，非士之怒

yě fú zhuān zhū zhī cì wáng
也。夫专诸之刺王

liáo yě huì xīng xí yuè
僚也[6]，彗星袭月[7]；

niè zhèng zhī cì hán guī yě
聂政之刺韩傀也[8]，

bái hóng guàn rì yāo lí zhī
白虹贯日[9]；要离之

cì qìng jì yě cāng yīng jī
刺庆忌也[10]，仓鹰击

yú diàn shàng cǐ sān zǐ
于殿上[11]。此三子

zhě jiē bù yī zhī shì yě
者，皆布衣之士也，

清绣像本《东周列国志》插图《专诸进炙刺王僚》，描绘专诸刺杀吴王僚时的场景

huái nù wèi fā xiū jìn jiàng yú tiān yù chén ér jiāng sì
怀怒未发，休祲降于天[12]，与臣而将四

yǐ ruò shì bì nù fú shī èr rén liú xuè wǔ bù tiān xià
矣。若士必怒，伏尸二人，流血五步，天下

gǎo sù jīn rì shì yě tǐng jiàn ér qǐ
缟素[13]，今日是也。”挺剑而起。

qín wáng sè náo cháng guì ér xiè zhī yuē xiān shēng
秦王色挠[14]，长跪而谢之曰[15]：“先生

zuò hé zhì yú cǐ guǎ rén yù yǐ fú hán wèi miè wáng ér
坐，何至于此！寡人谕矣[16]：夫韩、魏灭亡，而

ān líng yǐ wǔ shí lǐ zhī dì cún zhě tú yǐ yǒu xiān shēng yě
安陵以五十里之地存者，徒以有先生也。”

《清刻历代画像传》中的聂政画像

注释

❶佛然：盛怒的样子。❷伏尸：尸横在地。❸布衣：平民。❹徒跣：光着脚。❺抢：撞。❻专诸之刺王僚：前514年，吴国公子光与吴王僚争夺君位，派专诸藏剑鱼腹，借献食机会，刺死王僚。❼彗星袭月：传说专诸刺王僚惊动上天，竟使彗星扫及月亮。❽聂政之刺韩傀：韩国大夫严仲子和韩相傀有仇，聂政替他刺死韩傀。❾白虹贯日：白虹穿过太阳。❿要离之刺庆忌：吴王阖闾夺得吴王僚君位后，王僚的儿子庆忌逃到卫国。阖闾欲杀庆忌，吴国勇士要离假装得罪吴王阖闾，取得庆忌信任，将其杀死。⓫仓鹰：黑色的老鹰。击：扑击。⓬休祲降于天：上天显示吉凶的征兆。休，吉兆。祲，凶兆。⓭缟素：白色的丝织品，这里指穿丧服。⓮色挠：脸上的傲气收敛。⓯长跪：古人席地而坐，两膝着地，臀部压在脚跟上。如果跪着则耸身挺腰，身体就显得高一些，所以叫“长跪”。⓰谕：明白。

山东嘉祥武梁祠西壁画像《专诸刺王僚》，描绘专诸借向吴王僚献鱼而行刺的场景

译文

秦王勃然大怒，对唐雎说：“先生也曾听说过天子发怒的情形吗？”唐雎回答说：“我没听说过。”秦王说：“天子一发怒，就会有千百万人丧命，流血千里。”唐雎说：“大王曾听说

过百姓发怒的情形吗？”秦王说：“百姓发怒，也不过就是摘掉帽子，光着脚，用头撞地罢了。”唐雎说：“这是平庸之人发怒，不是士人发怒。当年专诸刺杀吴王僚的时候，彗星的尾巴扫过月亮；聂政刺杀韩傀的时候，白色的长虹穿过太阳；要离刺杀庆忌的时候，苍鹰在宫殿上扑击。他们三个人都是普通百姓，胸中的愤怒还未爆发的时候，上天就降示吉凶的征兆。连如今算上我，将有四个人了。如果士人被逼得发怒，那么就会倒下两具尸首，鲜血只流五步远，但天下百姓将会穿丧服，现在就要发生这种情况。”说完，拔剑而起。

清绣像本《东周列国志》插图《要离贪名刺庆忌》，描绘要离刺中庆忌后，被庆忌抓住按入水中的场景

秦王脸色颓丧，挺直上身跪着，向唐雎道歉说：“先生请坐，怎么会到这种地步！我明白了：韩国、魏国灭亡，但安陵君却凭借方圆五十里的地方幸存下来，是因为有先生在啊！”

xiàng yǔ běn jì zàn

项羽本纪赞

《史记·项羽本纪》

《史记》是我国第一部纪传体通史，西汉司马迁著。司马迁（前145~？），字子长，夏阳龙门（今陕西韩城）人，早年遍游南北，考察风俗，采集传说。前108年继父职，任太史令。前104年，开始编撰《史记》，后因为投降匈奴的李陵辩解，得罪下狱，受腐刑。出狱后任中书令，发愤著书，完成巨著《史记》。

本文是《项羽本纪》的最后一段，是司马迁对项羽的评论。司马迁以冷静而客观的史学眼光，对项羽这位悲剧英雄作了扬善贬恶的评价，在肯定项羽才智胆略的同时，也揭露和批评了他的刚愎自用和残酷暴虐，为后世帝王敲响了警钟。

清人绘司马迁画像

原文

tài shǐ gōng yuē wú wén zhī zhōu shēng yuē shùn mù
太史公曰：吾闻之周生曰[1]：“舜目

gài chóngtóng zǐ yòu wén xiàng yǔ yì chóngtóng zǐ yǔ qǐ
盖重瞳子[2]。”又闻项羽亦重瞳子。羽岂

qí miáo yì yé hé xīng zhī bào yě fú qín shī qí zhèng chén
其苗裔邪[3]？何兴之暴也[4]？夫秦失其政，陈

shè shǒu nàn háo jié fēng qǐ xiāng yǔ bìng zhēng bù kě shèng
涉首难[5]，豪杰蜂起，相与并争，不可胜

shǔ rán yǔ fēi yǒu chǐ cùn chéng shì qǐ lǒng mǔ zhī zhōng
数[6]。然羽非有尺寸[7]，乘势起陇亩之中[8]，

sān nián suì jiàng wǔ zhū hóu miè qín fēn liè tiān xià ér fēng wáng
三年，遂将五诸侯灭秦⑨，分裂天下而封王

hóu zhèng yóu yǔ chū hào wéi bà wáng wèi suī bù zhōng jìn gǔ yǐ
侯，政由羽出，号为霸王，位虽不终，近古以

lái wèi cháng yǒu yě
来⑩，未尝有也。

jí yǔ bèi guān huái chǔ fàng zhú yì dì ér zì lì yuàn
及羽背关怀楚⑪，放逐义帝而自立⑫，怨

wáng hóu pàn jǐ nán yǐ zì jīn gōng fá fèn qí sī zhì ér
王侯叛己，难矣。自矜功伐⑬，奋其私智而

bù shī gǔ wèi bà wáng zhī yè yù yǐ lì zhēng jīng yíng tiān
不师古，谓霸王之业⑭，欲以力征经营天

xià wǔ nián zú wáng qí guó shēn sǐ dōng chéng shàng bù
下⑮。五年，卒亡其国，身死东城⑯，尚不

jué wù ér bú zì zé guò yǐ nǎi yǐn tiān wáng wǒ
觉寤⑰，而不自责，过矣⑱。乃引“天亡我，

fēi yòng bīng zhī zuì yě qǐ bú miù zāi
非用兵之罪也”⑲，岂不谬哉！

注释

清人绘帝舜画像

①周生：汉代一个姓周的儒生。②舜：传说中父系氏族社会后期部落联盟领袖。号有虞氏，姓姚，名叫重华。尧去世后继位，挑选贤人，治理民事，并选拔治水有功的禹为继承人。重瞳子：双瞳孔。③苗裔：后代子孙。④暴：突然。⑤陈涉：即陈胜，阳城（今河南登封东南）人，与吴广首先起兵反秦。⑥胜：尽。⑦尺寸：指尺寸之封地。⑧陇亩：田野，指民间。⑨五诸侯：指齐、赵、韩、魏、燕五国。⑩近古：这里指春秋战国至秦汉之际。⑪背

关：放弃关中形胜之地。怀楚：指怀念楚国，东归建都彭城（今江苏徐州）。⑫义帝：楚怀王孙，名心，项梁起兵时被立为王，仍称楚怀王。项羽灭秦后，尊楚怀王为义帝，后暗中派人将其杀害。⑬矜：夸耀。功伐：功劳。⑭谓：以为。⑮力征：武力征伐。经营：统治。⑯东城：地名，在今安徽定远东南，项羽战败自刎的地区。⑰寤：通“悟”。⑱过：错误。⑲引：援引。

清人绘西楚霸王项羽画像

译文

太史公说：我听周生说：“舜的眼睛大概有两个瞳孔。”又听说项羽的眼睛也有两个瞳孔。项羽难道是舜的后代吗？为什么兴起得那么突然呢？秦朝政治衰败，陈涉首先发难反秦，天下豪杰蜂拥而起，互相争夺天下，多得不可胜数。项羽并没有一尺一寸的封地，只是趁着这种形势从民间崛起，不过三年，便统率五国诸侯消灭秦朝，分割天下土地，封给各路王侯，政令都由项羽颁布，自号“霸王”，虽然王位没有保持到底，但近古以来未曾有过这样的人物。

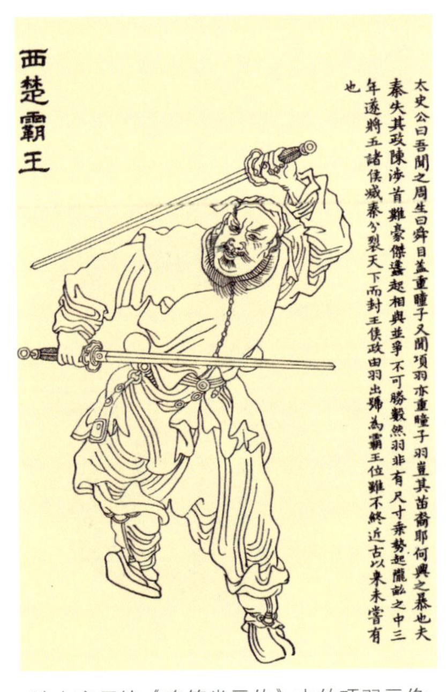

清上官周绘《晚笑堂画传》中的项羽画像

等到项羽放弃关中，怀恋故乡楚地，放逐义帝而自立为王，此时再抱怨王侯们背叛自己，就很难了。自己夸耀功劳，运用个人才智，而不效法古人，认为霸王之业只靠武力征伐，就可以统治天下。只有五年时间，就国灭家亡，直到身死东城，还不曾觉悟，也不责备自己，这显然是错误的。他竟然还借口说“是上天要灭亡我，不是我用兵的过错”，这难道不荒谬吗！

kǒng zǐ shì jiā zàn

孔子世家赞

《史记·孔子世家》

导读

明人绘孔子为鲁司寇像

《史记·孔子世家》是为孔子立的传，本文为作者在全传最后对孔子的评论，赞语肯定了孔子以道德学问受到后世人敬仰，表达了作者对孔子发自内心的崇敬之情。全文语言简洁，热情洋溢，真挚动人。

清人仿唐吴道子所绘《孔子行教像》

tài shǐ gōng yuē shī
太史公曰[1]：《诗》

yǒu zhī gāo shān yǎng zhǐ jǐng
有之[2]："高山仰止，景

háng xíng zhǐ suī bù néng zhì rán
行行止。"虽不能至，然

xīn xiàng wǎng zhī yú dú kǒng shì
心乡往之[3]。余读孔氏

shū xiǎng jiàn qí wéi rén shì lǔ
书[4]，想见其为人。适鲁[5]，

guān zhòng ní miào táng chē fú lǐ
观仲尼庙堂、车服、礼

qì zhū shēng yǐ shí xí lǐ qí jiā
器，诸生以时习礼其家[6]，

yú zhī huí liú zhī bù néng qù yún
余祗回留之[7]，不能去云。

tiān xià jūn wáng zhì yú xián rén zhòng yǐ dāng shí zé róng
天下君王至于贤人众矣，当时则荣，

mò zé yǐ yān kǒng zǐ bù yī chuán shí yú shì xué zhě zōng
没则已焉❽。孔子布衣，传十余世，学者宗

zhī zì tiān zǐ wáng hóu zhōng guó yán liù yì zhě zhé zhōng
之❾。自天子王侯，中国言六艺者❿，折中

yú fū zǐ kě wèi zhì shèng yǐ
于夫子⓫，可谓至圣矣！

注释

❶太史公：司马迁的官名，用以自称。❷《诗》：《诗经》，中国最早的一部诗歌总集。原称《诗》或《诗三百》，汉代被奉为经典，始称《诗经》。下面的两句引诗见于《诗经·小雅·车舝》。仰：仰慕、敬仰。景行：大道，这里喻指高尚的品德。行：效法。❸乡：通“向”。❹孔氏书：主要指记录孔子及其弟子言行的《论语》。孔子（前551～前479），名丘，字仲尼，春秋末期思想家、政治家、教育家，儒家的创始人。曾周游列国，

明佚名绘《孔子圣迹图》之《删述六经》，描绘孔子退居在家，删述六经，许多弟子前来受业的场景

明佚名绘《孔子圣迹图》之《汉高祀鲁》，描绘汉高祖刘邦在孔庙祭祀时的场景

晚年致力教育，整理《诗》、《书》等古代文献，并把鲁史官所记《春秋》删修成中国第一部编年体史书。其学说以“仁”为核心，汉以后成为两千余年传统文化主流，影响极大。❺适：到。❻以时：按时。习礼：演习礼仪。❼祗回：留恋徘徊。❽已：结束。❾宗：崇奉。❿六艺：指六经，即《诗》、《书》、《易》、《礼》、《乐》、《春秋》。⓫折中：取正，用以判断事物是非的标准。

译文

太史公说：《诗经》上有这样的话：“巍峨的高山让人仰望，高尚的美德让人效仿。”我虽然不能到达这种境界，但是心中一直向往它。我读孔子的书，就想象到他的为人。来到鲁国，看到孔子的庙堂、车子、衣服和礼器，许多儒生在他家里按时演习礼仪，我徘徊留恋，舍不得离去。

天下的君王乃至贤人很多，大多在世的时候荣耀，死后就没了影响。孔子只是一个平民，学说传了十几代，读书人都尊崇他。从天子到王侯，全国研究六经的人都以孔子学说为准则，孔子可以说是道德学问最高尚的人了！

guò qín lùn
过秦论

贾 谊

导读

贾谊（前200～前168），西汉政治家、文学家，洛阳（今河南洛阳）人。曾任博士、太中大夫之职，后贬为长沙王太傅。因多有制度改革建议，遭当朝大臣嫉妒，抑郁而死。其著作经后人整理成《新书》十卷。

《过秦论》为政论文的代表作之一，是贾谊早期所写论述秦帝国兴亡的重要文章。在贾谊看来，秦始皇靠权术和暴力取得成功，但在夺取天下后不应该用暴力对待百姓。只有施行仁义，注重教化，才能保持威势，避免灭亡。文章气势纵横，论证严密，酣畅流利，感染力强，对后世影响颇深。

清人绘《历代名臣像解》中的贾谊画像

原文

qín xiào gōng jù xiáo hán zhī gù yōng yōng zhōu zhī dì
秦孝公据崤函之固①，拥雍州之地②，

jūn chén gù shǒu yǐ kuī zhōu shì yǒu xí juǎn tiān xià bāo jǔ yǔ
君臣固守，以窥周室③，有席卷天下，包举宇

nèi náng kuò sì hǎi zhī yì bìng tūn bā huāng zhī xīn dāng
内④，囊括四海之意⑤，并吞八荒之心⑥。当

shì shí yě shāng jūn zuǒ zhī nèi lì fǎ dù wù gēng zhī xiū
是时也，商君佐之⑦，内立法度，务耕织，修

shǒuzhàn zhī jù　wàiliánhéng ér dòuzhūhóu　yú shì qín rén gǒng
守战之具；外连衡而斗诸侯[8]。于是秦人拱
shǒu ér qǔ xī hé zhī wài
手而取西河之外[9]。

注释

❶秦孝公：战国时秦国国君，任用商鞅变法，使秦富国强兵。崤函：崤山和函谷关，当时是秦国的东部边境。❷雍州：古九州之一，这里指关中地区。❸窥：偷看，有等待时机夺取之意。❹包举：用布包起来。❺囊括：用口袋装起来。❻八荒：八方荒远之地，这里指天下。❼商君：即商鞅，战国时卫人。姓公孙，名鞅。因封于商，号曰商君。先仕魏，后入秦，辅助秦孝公变法，使秦国富强。孝公死，遭诬陷，受车裂。❽连衡：也作“连横”，是一种离间六国，使它们各自同秦国联合，从而实施各个击破的策略。❾拱手：两手合抱，形容轻而易举。西河：指当时秦魏交界的黄河西岸地区，原属魏国。前340年商鞅攻魏，魏割西河之地与秦。

清绣像本《东周列国志》中的商鞅画像

译文

秦孝公占据崤山和函谷关的险固地势，拥有雍州的土地，君臣团结，守卫着这片土地，并伺机夺取周王室的政权，他们怀着席卷天下，征服列国，控制四海，并吞八荒的雄心。正当这时，商鞅辅佐他，对内建立法律制度，发展农业和纺织业，修造防守和进攻的器械；对外实行连横策略，使各国诸侯自相争斗。因此，秦人轻而易举就夺取魏国黄河以西的土地。

清绣像本《东周列国志》插图《说秦君卫鞅变法》，讲述商鞅南门立木取信于民，进而推行变法的故事

原文

xiàogōng jì mò huì wén wǔ zhāoxiāngméng gù yè
孝公既没，惠文、武、昭襄蒙故业[1]，

yīn yí cè nán qǔ hànzhōng xī jǔ bā shǔ dōng gē gāo yú
因遗策[2]，南取汉中，西举巴、蜀，东割膏腴

zhī dì shōu yào hài zhī jùn zhū hóu kǒng jù huì méng ér móu
之地，收要害之郡。诸侯恐惧，会盟而谋

ruò qín bú ài zhēn qì zhòng bǎo féi ráo zhī dì yǐ zhì tiān
弱秦，不爱珍器、重宝、肥饶之地，以致天

xià zhī shì hé zòng dì jiāo xiāng yǔ wéi yī dāng cǐ zhī shí
下之士，合从缔交[3]，相与为一。当此之时，

qí yǒu mèng cháng zhào yǒu píng yuán chǔ yǒu chūn shēn wèi yǒu xìn
齐有孟尝，赵有平原，楚有春申，魏有信

líng cǐ sì jūn zhě jiē míng zhì ér zhōng xìn kuān hòu ér ài
陵[4]。此四君者，皆明智而忠信，宽厚而爱

rén zūn xián ér zhòng shì yuē zòng lí héng jiān hán wèi
人，尊贤而重士，约从离横[5]，兼韩、魏、

yān chǔ qí zhào sòng wèi zhōng shān zhī zhòng yú shì
燕、楚、齐、赵、宋、卫、中山之众。于是

liù guó zhī shì yǒu níng yuè xú shàng sū qín dù hè zhī shǔ wéi
六国之士，有宁越、徐尚、苏秦、杜赫之属为

zhī móu qí míng zhōu zuì chén zhěn shào gǔ lóu huǎn zhái
之谋[6]，齐明、周最、陈轸、召滑、楼缓、翟

jǐng sū lì yuè yì zhī tú tōng qí yì wú qǐ sūn bìn
景、苏厉、乐毅之徒通其意[7]，吴起、孙膑、

清绣像本《东周列国志》中“战国四公子”孟尝君、平原君、春申君、信陵君画像

清人绘乐毅画像

带佗、兒良、王廖、田忌、廉颇、赵奢之伦制其兵❽。尝以十倍之地，百万之众，叩关而攻秦❾。秦人开关而延敌❿，九国之师遁逃而不敢进⓫。秦无亡矢遗镞之费⓬，而天下诸侯已困矣。于是从散约解，争割地而赂秦⓭。秦有余力而制其弊⓮，追亡逐北⓯，伏尸百万，流血漂橹⓰。因利乘便，宰割天下，分裂河山。强国请服，弱国入朝。施及孝文王、庄襄王⓱，享国之日浅⓲，国家无事。

注释

❶惠文、武、昭襄：即惠文王、武王、昭襄王。惠文王是孝公的儿子，武王是惠文王的儿子，昭襄王是武王的异母弟。蒙故业：继承原先的祖业。❷因遗策：沿袭祖上遗留的策略。❸合从：即合纵，六国联合共同对付秦国的策略。❹齐有孟尝，赵有平原，楚有春申，魏有信陵：即齐孟尝君田文、

明人绘吴起画像

赵平原君赵胜、楚春申君黄歇、魏信陵君魏无忌，合称“战国四公子”，皆以招揽宾客著称。❺约从离横：相约“合纵”，拆散“连横”。❻宁越：赵国人。徐尚：宋国人。苏秦：东周洛阳人，是当时的“合纵长”。杜赫：周人。❼齐明：东周大臣。周最：东周君的儿子。陈轸：楚国人。召滑：楚国大臣。楼缓：赵国人，曾任魏相。翟景：魏国人。苏厉：苏秦的弟弟。乐毅：中山国人，曾任燕昭王的亚卿。❽吴起：魏将，后入楚。战国前期军事家。孙膑：齐国人，战国中期军事家。带佗：楚将。兒良、王廖：都是当时的军事家。田忌：齐国大将。廉颇、赵奢：两人都是赵国名将。❾叩关：攻打函谷关。❿延敌：迎击敌人。⓫九国：指齐、楚、韩、魏、燕、赵、宋、卫、中山。⓬亡：丢失，丢掉。镞：箭头。⓭赂：贿赂。⓮弊：通“敝”，困敝、疲敝。⓯亡：逃亡的军队。北：败北的军队。⓰橹：盾牌。⓱施：延续。⓲享国：帝王在位的年数。

清绣像本《东周列国志》中的苏秦画像

译文

秦孝公去世后，惠文王、武王、昭襄王继承先祖事业，沿袭前代策略，向南夺取汉中，向西攻占巴、蜀，向东割取肥沃土地，占领险要地区。诸侯恐慌害怕，集会结盟，商议削弱秦国，不惜用珍贵器物、贵重财宝和肥沃土地招纳天下贤才，采用合纵的策略缔结盟约，互相支持，结为一体。在这个时候，齐国有孟

明人绘孙膑画像

清绣像本《东周列国志》中的廉颇画像

尝君，赵国有平原君，楚国有春申君，魏国有信陵君。这四位公子，都聪明智慧而诚实有信，宽和厚道而爱护百姓，尊重贤才且重用士人，相约合纵而拆散连横，聚合起韩、魏、燕、楚、齐、赵、宋、卫、中山等国的人力。这时，六国的士人当中，有宁越、徐尚、苏秦、杜赫等人为他们出谋划策，有齐明、周最、陈轸、召滑、楼缓、翟景、苏厉、乐毅等人为他们沟通意见，有吴起、孙膑、

清人绘赵奢画像

带佗、兒良、王廖、田忌、廉颇、赵奢等人统率他们的军队。他们曾以十倍于秦的土地，上百万的军队，直抵函谷关来攻打秦国。秦国人开关迎敌，九国的军队逃跑回避不敢进兵。秦国没有破费一支箭、一个箭头，而天下诸侯就已陷入困境。于是合纵拆散，盟约瓦解，诸侯争着割地贿赂秦国。秦国有充裕的力量对付衰败分裂的六国，追逐败逃的敌人，百万败兵横尸道路，流的血可以漂起盾牌。秦国凭借有利条件，乘着大好形势，割取天下土地，分裂列国山河。强国请求臣服，弱国入秦朝拜。延续到孝文王、庄襄王的时候，他们在位的时间不长，秦国没有发生重大事件。

原文

jí zhì shǐ huáng fèn liù shì zhī yú liè zhèn cháng cè ér yù yǔ nèi tūn èr zhōu ér wáng zhū hóu lǚ zhì zūn ér zhì liù hé zhí qiāo pū yǐ biān chī tiān xià wēi zhèn sì hǎi nán qǔ bǎi yuè

及至始皇，奋六世之余烈❶，振长策而御宇内，吞二周而亡诸侯❷，履至尊而制六合❸，执敲扑以鞭笞天下❹，威振四海。南取百越

秦始皇画像

之地[5]，以为桂林、象郡[6]；百越之君，俯首系颈，委命下吏[7]。乃使蒙恬北筑长城而守藩篱[8]，却匈奴七百余里。胡人不敢南下而牧马，士不敢弯弓而报怨。于是废先王之道，燔百家之言[9]，以愚黔首[10]；隳名城[11]，杀豪俊，收天下之兵，聚之咸阳，销锋镝[12]，铸以为金人十二，以弱天下之民。然后践华为城[13]，因河为池，据亿丈之城，临不测之溪以为固。良将劲弩[14]，守要害之处；信臣精卒，陈利兵而谁何[15]。天下已

秦始皇为统一六国民众思想，销毁诸子百家著作，并坑杀四百六十余名儒生和方士。由于秦法律酷严，结果造成百姓暴动而失国。此图为元佚名撰《秦并六国平话》插图《焚书坑儒》，描绘秦始皇下令焚书坑儒的场景

dìng shǐ huáng zhī xīn zì yǐ wéi guān zhōng zhī gù jīn chéng
定，始皇之心，自以为关中之固，金城
qiān lǐ zǐ sūn dì wáng wàn shì zhī yè yě
千里，子孙帝王万世之业也。

shǐ huáng jì mò yú wēi zhèn yú shū sú rán ér chén
始皇既没，余威震于殊俗[16]。然而陈
shè wèng yǒu shéng shū zhī zǐ méng lì zhī rén ér qiān xǐ
涉[17]，瓮牖绳枢之子[18]，氓隶之人[19]，而迁徙
zhī tú yě cái néng bù jí zhōng yōng fēi yǒu zhòng ní
之徒也[20]；材能不及中庸[21]，非有仲尼、
mò dí zhī xián táo zhū yī dùn zhī fù niè zú háng wǔ
墨翟之贤[22]，陶朱、猗顿之富[23]；蹑足行伍
zhī jiān miǎn qǐ qiān mò zhī zhōng shuài pí bì zhī zú
之间[24]，俛起阡陌之中[25]，率罢弊之卒[26]，
jiàng shù bǎi zhī zhòng zhuǎn ér gōng qín zhǎn mù wéi bīng jiē gān
将数百之众，转而攻秦。斩木为兵，揭竿
wéi qí tiān xià yún jí ér xiǎng yìng yíng liáng ér yǐng cóng
为旗，天下云集而响应，赢粮而景从[27]，
shān dōng háo jùn suì bìng qǐ ér wáng qín zú yǐ
山东豪俊遂并起而亡秦族矣[28]。

注释

❶六世：指秦孝公、惠文王、武王、昭襄王、孝文王、庄襄王。余烈：遗留的辉煌功业。❷二周：战国时两个小国东周、西周，分别在前256年、前249年为秦所灭。❸履至尊：登上帝位。六合：天下和四方，泛指天下。❹敲扑：棍子，短的称“敲”，长的称“扑”。鞭笞：鞭打。❺百越：古代越族居住在江、浙、闽、粤各地，统称百越。❻桂林、象郡：秦始皇在广西设的两个郡。❼委命：把性命交出去。❽蒙恬：秦朝主要将

明刻《历代帝贤像》中的孔子画像

领，前214年率三十万大军北逐匈奴，修筑长城。藩篱：篱笆，屏障。❾燔百家之言：前213年，秦始皇下令焚烧儒家经典、各国史记和诸子书。❿黔首：百姓。⓫隳：毁坏。⓬销锋镝：销毁兵器。镝，通“镝”，箭头。⓭践华：踩踏华山。⓮劲弩：强有力的弓。⓯谁何：呵问他是谁。何，通“呵”。⓰殊俗：不同的风俗，指边远的地方。⓱陈涉：即陈胜，中国历史上第一次农民起义的领袖。⓲瓮牖绳枢：以破瓮作窗户，用绳子拴门轴，形容出身贫苦。⓳氓隶：自己没有土地，从事农业劳动的人。⓴迁徙之徒：被征发戍边的人。前209年，陈涉被征发戍守渔阳。㉑中庸：中等。㉒仲尼：即孔丘，春秋末年鲁国人，儒家创始人。墨翟：春秋后期思想家，墨家创始人。㉓陶朱：即范蠡，春秋末年越国大夫，弃官到陶地经商致富，号陶朱公。猗顿：春秋时鲁国人，在猗氏经营盐业，成为巨富。㉔蹑足：插足，参加。行伍，古代军队编制，以五人为伍，二十五人为行，故以“行伍”代指军队。㉕俛起：奋起。俛，通“勉”，尽力。阡陌：田间小路，这里指民间。㉖罢：同“疲”。㉗赢粮而景从：担着干粮如影随形地跟着。赢，担负。景，同“影”。㉘山东：崤山以东，指东方六国。

译文

到秦始皇时，继承六代君主遗留下来的辉煌功业，挥动长鞭驾驭天下，吞并东周、西周，灭亡各诸侯国，登上皇帝宝座，统治上下四方，用严刑镇压天下百姓，声威震慑四海。他向南攻取百越之地，设立桂林和象郡；百越君主低着头，颈上系着绳子，把性命交给秦国的下级官吏。于是派蒙恬在北方修筑长城，并守卫这道屏障，使匈奴退却七百多里。胡人不敢南下牧马，他们的士卒也不敢挑起报复的战争。于是废弃先王的仁爱治国之道，焚烧诸子百家著作，来使百姓愚蠢；毁坏坚固的名城，杀害英雄豪杰，收缴天下兵器，集中到咸阳，销熔刀箭，铸成十二个铜人，以便削弱百姓的反抗力量。然后凭借华山为城墙，依靠黄河为城壕，据守亿丈之高的城，下临深不可测的河流，自以为固若金汤。良将手执强弩，守卫要害之地；亲信大臣率领精锐士卒，拿着锋利兵器，盘

明王世贞辑《列仙全传》中的墨子画像

问过往行人。天下已经平定，始皇的心思，自以为关中地势险固，犹如千里铜墙铁壁，是子孙后代称帝称王万世不败的基业。

秦始皇去世后，他的余威还震慑着边远地区。然而，陈涉这个贫家子弟，低贱的种田人，后来还被征调去戍守边境；才能不及中庸之辈，没有孔丘、墨翟那样的贤能，也不像陶朱、猗顿那样富有；夹杂在戍卒队伍里面，奋起于村野百姓之间，率领疲惫

清人绘范蠡画像

不整的兵卒，指挥几百人的队伍，掉转矛头进攻秦国。砍下树木作武器，举起竹竿当旗帜，天下百姓像云一样汇聚，像回声一般响应，背着粮食，如影随形地跟着，崤山以东的豪杰一齐行动，灭亡了秦朝。

qiě fú tiān xià fēi xiǎo ruò yě yōng zhōu zhī dì xiáo hán
且夫天下非小弱也[1]，雍州之地，崤函
zhī gù zì ruò yě chén shè zhī wèi bù zūn yú qí chǔ
之固，自若也[2]。陈涉之位，不尊于齐、楚、
yān zhào hán wèi sòng wèi zhōng shān zhī jūn yě chú
燕、赵、韩、魏、宋、卫、中山之君也；锄、
yōu jí qín bù xiān yú gōu jǐ cháng shā yě zhé shù
耰、棘矜[3]，不铦于钩、戟、长铩也[4]；谪戍
zhī zhòng fēi kàng yú jiǔ guó zhī shī yě shēn móu yuǎn lǜ
之众[5]，非抗于九国之师也[6]；深谋远虑，
xíng jūn yòng bīng zhī dào fēi jí nǎng shí zhī shì yě rán ér
行军用兵之道，非及曩时之士也[7]。然而
chéng bài yì biàn gōng yè xiāng fǎn
成败异变，功业相反。

shì shǐ shān dōng zhī guó yǔ chén shè duó cháng xié dà
试使山东之国，与陈涉度长絜大[8]，
bǐ quán liáng lì zé bù kě tóng nián ér yǔ yǐ rán qín yǐ qū qū
比权量力，则不可同年而语矣。然秦以区区
zhī dì zhì wàn shèng zhī quán zhāo bā zhōu ér cháo tóng liè
之地，致万乘之权[9]，招八州而朝同列[10]，
bǎi yǒu yú nián yǐ rán hòu yǐ liù hé wéi jiā xiáo hán wéi gōng yì
百有余年矣。然后以六合为家，崤函为宫。一

fū zuò nàn ér qī miào huī shēn sǐ rén shǒu wéi tiān xià xiào zhě
夫作难而七庙隳⓫，身死人手，为天下笑者，

hé yě rén yì bù shī ér gōng shǒu zhī shì yì yě
何也？仁义不施，而攻守之势异也。

注释

❶且夫：语气词，“再说”的意思。小弱：变小变弱。❷自若：和从前一样。❸耰：平整土地的农具。棘矜：枣木棍。❹铦：锋利。铩：长矛。❺谪戍：这里指征发守边。谪，降职或流放。❻抗：同“亢”，高出。❼曩：从前。❽度长：量长短。絜大：比粗细。❾万乘：兵车万辆，表示军事力量强大。周制，天子地方千里，有兵车万乘，故又以万乘代指天子。❿招：攻取。八州：古时天下分九州，这里指除秦所占雍州之外的全国土地。朝同列：使原先与秦处于同等地位的诸侯都来朝拜。⓫七庙：天子宗庙。周制，天子宗庙奉祀七代祖先。隳：毁坏。

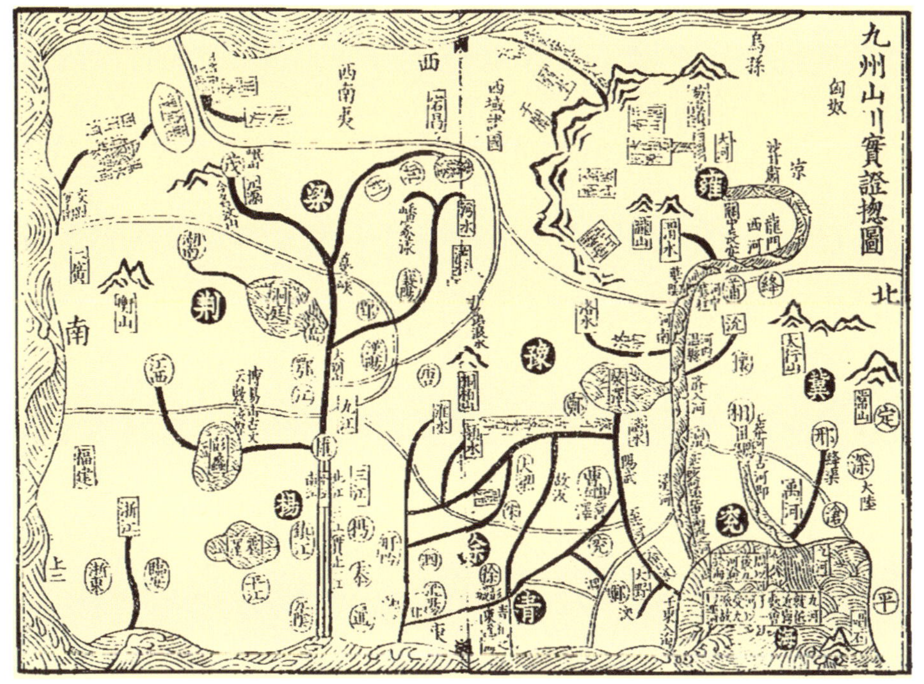

《尚书·禹贡》九州图

译文

再说，秦朝的天下并没有缩小削弱，雍州的肥沃之地，崤山和函谷关的险固，依然如故。陈涉的地位，并不比齐、楚、燕、赵、韩、魏、宋、卫、中山的国君尊贵；种田的锄头、木棍，也不比钩戟长矛锋利；流放戍边的士卒，也不比九国军队强大；深谋远虑，行军用兵的策略，也比不上先前六国的谋士。然而成败结果却发生异常变化，功业完全相反。

如果让崤山以东诸侯国，跟陈涉比比长短粗细，较量一下权势力量，那是不可同日而语的。然而秦国凭借小小一块地盘，发展到有兵车万乘的国势，取得八州之地，使六国诸侯都来朝见，已经一百多年了。此后秦王以天下为一家所有，把崤函地区作为内宫。陈涉一人发难，秦王朝的宗庙就被毁掉，国君死于他人之手，被天下人讥笑，这是为什么呢？就因为不施行仁义，而使攻守的形势发生了变化啊！

南宋马和之绘《诗经图卷》中的《小雅·出车》插图，图中描绘的是战车出行的场面

qián chū shī biǎo

前出师表

诸葛亮

导读

清殿藏本诸葛亮画像

诸葛亮（181～234），三国时期政治家、军事家。字孔明，琅琊阳都（今山东沂南）人。辅佐刘备建立蜀国，担任丞相职务；刘备死后，长期主持蜀国军政大事。当政期间，励精图治，改善与西南少数民族关系，以巩固政权；同时东联孙吴，北伐曹魏，争取统一，复兴汉室。234年，病死军中。

建兴五年（227），诸葛亮率军北驻汉中，准备征伐曹魏。临行前，感到刘禅暗弱，颇有内顾之忧，所以上表劝诫，这就是《前出师表》。表中劝勉刘禅继承先帝遗愿，保持蜀中政治清明，广开言路，听信忠言，任用贤良，以使他免除后顾之忧，专心致力于北伐大业。全文叙述委婉，情词真切，行文晓畅，质朴无华，是章表中的代表之作。

原文

chén liàng yán xiān dì chuàng yè wèi bàn ér zhōng dào bēng cú jīn tiān xià sān fēn yì zhōu pí bì cǐ chéng wēi jí cún wáng zhī qiū yě rán shì wèi zhī chén bú xiè yú nèi zhōng zhì zhī shì wàng shēn yú wài zhě gài zhuī xiān dì zhī shū yù yù

臣亮言：先帝创业未半[1]，而中道崩殂[2]。今天下三分，益州疲敝[3]，此诚危急存亡之秋也。然侍卫之臣不懈于内[4]，忠志之士忘身于外者，盖追先帝之殊遇[5]，欲

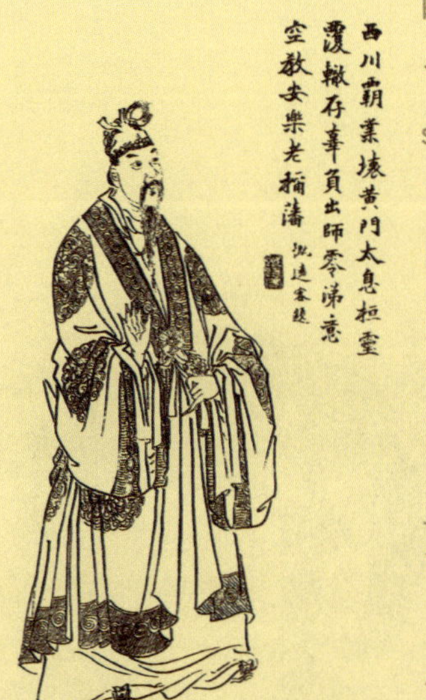

清绣像本《三国演义》中的刘禅画像

bào zhī yú bì xià yě　chéng yí kāi zhāng
报之于陛下也❻。诚宜开张
shèngtīng　yǐ guāngxiān dì yí dé
圣听❼，以光先帝遗德❽，
huī hóng zhì shì zhī qì　bù yí wàng zì
恢弘志士之气❾。不宜妄自
fěi bó　yǐn yù shī yì　yǐ sè zhōng
菲薄❿，引喻失义⓫，以塞忠
jiàn zhī lù yě　gōng zhōng fǔ zhōng
谏之路也。宫中府中⓬，
jù wéi yì tǐ　zhì fá zāng pǐ　bù yí
俱为一体；陟罚臧否⓭，不宜
yì tóng　ruò yǒu zuò jiān fàn kē　jí wéi zhōng
异同。若有作奸犯科及为忠
shànzhě　yí fù yǒu sī　lùn qí xíngshǎng　yǐ zhāo bì xià píng
善者⓮，宜付有司⓯，论其刑赏，以昭陛下平
míng zhī lǐ　bù yí piān sī　shǐ nèi wài yì fǎ yě
明之理⓰，不宜偏私，使内外异法也。

注释

❶先帝：指刘备。❷崩殂：古代帝王死亡称“崩”，殂也是死亡的意思。❸益州：汉代州名，相当于今四川大部及云南、贵州一部分地区。❹侍卫之臣：朝廷官员。❺追：追念，怀念。殊遇：特殊待遇。❻陛下：古代臣下对帝王的尊称。❼开张圣听：扩大皇帝的听闻。❽光：发扬光大。❾恢弘：扩大，振奋。❿妄自菲薄：随便看轻自己。⓫引喻失义：称引和比喻

明人绘汉昭烈帝刘备画像

失当。⑫宫中：皇宫中。府中：丞相府中。⑬陟罚：升迁和处罚。臧否：赞扬和批评。⑭作奸犯科：做了坏事冒犯法律。⑮有司：有关部门。⑯平明之理：公正清明的治理。

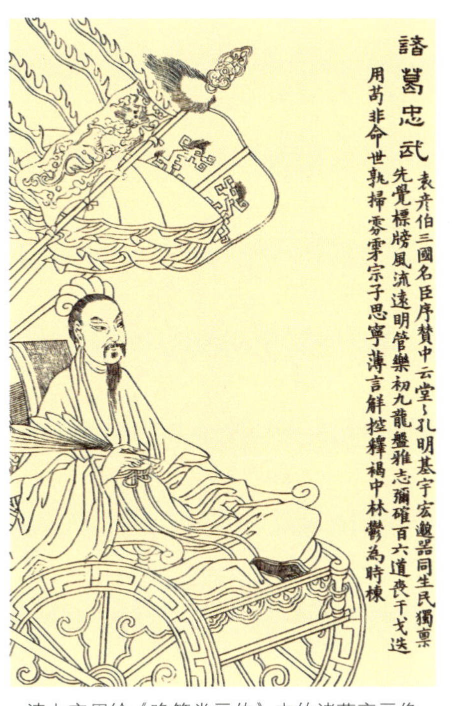

清上官周绘《晚笑堂画传》中的诸葛亮画像

译文

臣诸葛亮呈表进言：先帝开创的大业尚未完成一半，竟中途去世。如今天下三国鼎立，益州地区民生凋敝，这实在是国家生死存亡的危急关头。然而朝廷官员在内供职毫不懈怠，军队将士在外作战舍生忘死，都是由于追念先帝对他们的特别恩遇，想把这种恩情回报给陛下啊！陛下确实应该广泛听取群臣意见，以发扬光大先帝遗留下来的美德，振奋有志之士的勇气。不应当随便看轻自己，言谈训谕有失道理，以致堵塞忠臣进言规劝的道路。宫廷近臣和丞相府官吏，全是一个整体；升贬赏罚，赞扬批评，不应该标准不同。如果有做奸邪之事违犯法纪，或忠心做善事之人，应当交给主管官吏，判定应得的惩罚或奖励，以显示陛下公正严明的治理，切不可有所偏袒，使宫内和朝廷法令不一。

原文

shì zhōng shì láng guō yōu zhī fèi yī dǒng yǔn děng
侍中、侍郎郭攸之、费祎、董允等❶，
cǐ jiē liáng shí zhì lǜ zhōng chún shì yǐ xiān dì jiǎn bá yǐ wèi bì
此皆良实，志虑忠纯，是以先帝简拔以遗陛

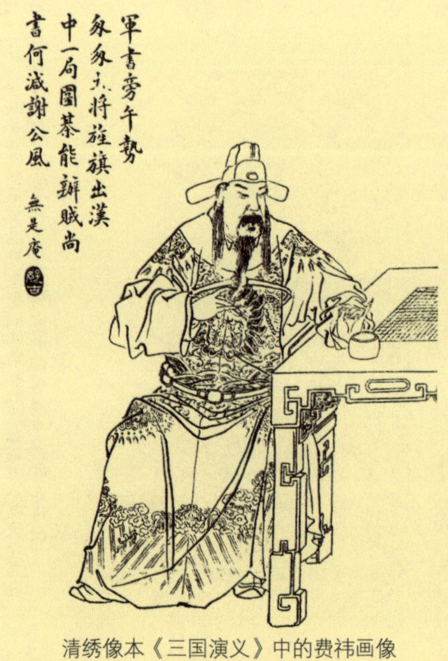

清绣像本《三国演义》中的费祎画像

xià yú yǐ wéi gōng zhōng zhī
下②。愚以为宫中之

shì shì wú dà xiǎo xī yǐ zī
事，事无大小，悉以咨

zhī rán hòu shī xíng bì néng
之，然后施行，必能

bì bǔ quē lòu yǒu suǒ guǎng
裨补阙漏③，有所广

yì jiāng jūn xiàng chǒng
益。将军向宠④，

xìng xíng shū jūn xiǎo chàng jūn
性行淑均⑤，晓畅军

shì shì yòng yú xī rì xiān
事，试用于昔日⑥，先

dì chēng zhī yuē néng shì yǐ zhòng yì jǔ chǒng wéi dū yú yǐ
帝称之曰能，是以众议举宠为督⑦。愚以

wéi yíng zhōng zhī shì shì wú dà xiǎo xī yǐ zī zhī bì néng shǐ
为营中之事，事无大小，悉以咨之，必能使

háng zhèn hé mù yōu liè dé suǒ qīn xián chén yuǎn xiǎo rén
行阵和睦⑧，优劣得所。亲贤臣，远小人，

cǐ xiān hàn suǒ yǐ xīng lóng yě qīn xiǎo rén yuǎn xián chén cǐ hòu
此先汉所以兴隆也；亲小人，远贤臣，此后

hàn suǒ yǐ qīng tuí yě xiān dì zài shí měi yǔ chén lùn cǐ shì
汉所以倾颓也。先帝在时，每与臣论此事，

wèi cháng bù tàn xī tòng hèn yú huán líng yě shì zhōng shàng
未尝不叹息痛恨于桓、灵也⑨。侍中、尚

shū zhǎng shǐ cān jūn cǐ xī zhēn liàng sǐ jié zhī chén yuàn
书、长史、参军⑩，此悉贞亮死节之臣⑪，愿

bì xià qīn zhī xìn zhī　zé hàn shì zhī lóng　kě jì rì ér dài yě
陛下亲之信之，则汉室之隆，可计日而待也。

注释

❶侍中：侍从皇帝左右，以备应对顾问的官员。侍郎：宫廷近侍官。当时，郭攸之、费祎任侍中，董允任黄门侍郎。❷简拔：选拔。❸裨：增益。阙：通“缺”，过失。漏：疏漏。❹向宠：蜀汉大臣向朗的儿子，刘备时任牙门将，刘禅时任中部督和中领军。❺性行：性格品行。淑：善良。均：公正。❻试用于昔日：指向宠随刘备伐吴，秭归兵败，只有向宠的部队损失最小，刘备称赞他能干。❼督：中部督，禁卫军的统帅。❽行阵：指军队。❾桓、灵：东汉末年的桓帝刘志和灵帝刘宏。他们在位时，任用宦官、外戚，朝政腐败。❿侍中：指郭攸之、费祎。尚书：主管朝廷政务的高级官员，指陈震。长史：丞相府主要佐官，指张裔。参军：丞相府中主管军务的佐官，指蒋琬。⓫贞亮：坚贞诚实，忠诚坦白。死节：以死报国。

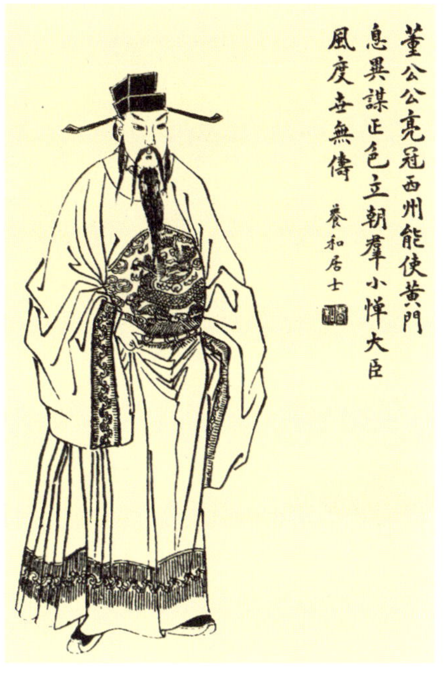

清绣像本《三国演义》中的董允画像

译文

侍中郭攸之、费祎、黄门侍郎董允等，都是善良诚实，心志忠贞，意念纯正的人，所以先帝选拔他们，留下来辅佐陛下。我认为宫内的事情，无论大小，都要征询他们的意见，然后再去施行，一定能够弥补缺点和疏漏，得到补救和增益的效果。将军向宠，性情善良，办事公正，通晓军事，当年任用时，先帝称赞他

清绣像本《三国演义》中的蒋琬画像

能干，因此经过大家评议举荐他做中部督。我认为军中的事情，无论大小，都要征询他的意见，就一定能使军队团结和睦，德才高低的人都能安排得当。亲近贤臣，疏远小人，这是西汉所以兴盛的原因；亲近小人，疏远贤臣，这是东汉所以衰败的原因。先帝在世的时候，每逢和我谈论这些事情，没有一次不对桓、灵二帝的做法感到叹息和遗憾的。侍中郭攸之、费祎、尚书陈震、长史张裔、参军蒋琬，都是坚贞诚实、能够以死报国的忠臣，希望陛下亲近他们，信任他们，那么汉朝的兴隆就指日可待了。

原文

chén běn bù yī gōng gēng yú nán yáng gǒu quán xìng
臣本布衣，躬耕于南阳[1]，苟全性
mìng yú luàn shì bù qiú wén dá yú zhū hóu xiān dì bù yǐ chén
命于乱世，不求闻达于诸侯[2]。先帝不以臣
bēi bǐ wěi zì wǎng qū sān gù chén yú cǎo lú zhī zhōng
卑鄙[3]，猥自枉屈[4]，三顾臣于草庐之中，
zī chén yǐ dāng shì zhī shì yóu shì gǎn jī suì xǔ xiān dì yǐ
咨臣以当世之事。由是感激，遂许先帝以
qū chí hòu zhí qīng fù shòu rèn yú bài jūn zhī jì fèng
驱驰[5]。后值倾覆[6]，受任于败军之际，奉

明戴进绘《三顾草庐图》

清绣像本《三国演义》插图《刘先主遗诏托孤儿》，讲述刘备伐吴失败退守白帝城，临死前将刘禅托付给诸葛亮的故事

mìng yú wēi nàn zhī jiān ěr lái
命于危难之间，尔来

èr shí yòu yī nián yǐ xiān dì
二十有一年矣[7]。先帝

zhī chén jǐn shèn gù lín bēng jì
知臣谨慎，故临崩寄

chén yǐ dà shì yě shòu mìng
臣以大事也[8]。受命

yǐ lái sù yè yōu tàn kǒng
以来，夙夜忧叹，恐

tuō fù bú xiào yǐ shāng xiān dì
托付不效，以伤先帝

zhī míng gù wǔ yuè dù lú
之明，故五月渡泸[9]，

shēn rù bù máo jīn nán fāng
深入不毛[10]。今南方

yǐ dìng bīng jiǎ yǐ zú dāng
已定，兵甲已足，当

jiǎng shuài sān jūn běi dìng zhōng yuán shù jié nú dùn rǎng chú
奖帅三军，北定中原，庶竭驽钝[11]，攘除

jiān xiōng xīng fù hàn shì huán yú jiù dū cǐ chén zhī suǒ
奸凶[12]，兴复汉室，还于旧都[13]。此臣之所

yǐ bào xiān dì ér zhōng bì xià zhī zhí fèn yě zhì yú zhēn zhuó sǔn
以报先帝而忠陛下之职分也。至于斟酌损

yì jìn jìn zhōng yán zé yōu zhī yī yǔn zhī rèn yě
益[14]，进尽忠言，则攸之、祎、允之任也。

yuàn bì xià tuō chén yǐ tǎo zéi xīng fù zhī xiào bú xiào zé
愿陛下托臣以讨贼兴复之效；不效，则

zhì chén zhī zuì　yǐ gàoxiān dì zhī líng　ruò wú xīng dé zhī yán
治臣之罪，以告先帝之灵。若无兴德之言，
zé zé yōu zhī　yī　yǔn děng zhī màn　yǐ zhāng qí jiù
则责攸之、祎、允等之慢⑮，以彰其咎⑯。
bì xià yì yí zì móu　yǐ zī zōu shàn dào　chá nà yǎ yán
陛下亦宜自谋，以咨诹善道⑰，察纳雅言，
shēn zhuī xiān dì yí zhào　chén bú shèng shòu ēn gǎn jī　jīn dāng
深追先帝遗诏。臣不胜受恩感激。今当
yuǎn lí　lín biǎo tì líng　bù zhī suǒ yán
远离，临表涕零，不知所言。

注释

❶南阳：郡名，诸葛亮曾隐居南阳隆中（今湖北襄阳一带）。❷闻达：显达。❸卑鄙：出身卑贱，见识浅陋。❹猥自：使自己降低身份。❺驱驰：奔走效劳。❻倾覆：兵败，指208年，在当阳长坂坡，刘备被曹操打败一事。❼尔来：从那时以来。❽寄：托付。刘备伐吴失败后死于白帝城，临终前托付诸葛亮辅佐刘禅。❾泸：泸水，即金沙江。❿不毛：不长粮食的荒凉之地。225年，诸葛亮率军南征，曾到泸水。⓫庶：但愿。竭：尽。驽钝：以劣马和钝刀比喻才能低下。⓬奸凶：指曹魏。⓭旧都：东汉曾建都的洛阳。⓮斟酌：衡量考虑。⓯慢：怠慢，失职。⓰咎：过失。⓱咨诹：询问。

清末天津杨柳青年画《当阳长坂坡》，讲述刘备在长坂坡被曹操打败的故事

译文

我本是一介平民，在南阳务农亲耕，只求在乱世中保全性命，不想在诸侯中显赫名声。先帝不因我身份卑微，见识短浅，降低身份委屈自己，三次到草庐拜访我，征询关于天下大事的看法。因此我深为感动，答应为先帝奔走效劳。后来遭遇战事失败，就在兵败的时候接受委任，在危急艰难时刻奉命出师，自那时以来已有二十一年了。先帝知道我做事谨慎，所以临终时把国家大事托付给我。自从接受遗命以来，我日夜忧愁叹息，唯恐先帝托付的大任不能完成，以致损害先帝的英明，所以五月渡过泸水，深入荒芜之地。现在南方已经平定，兵器装备充足，应当鼓励和统率全军北伐平定中原，希望竭尽自己有限的能力，铲除奸贼，复兴汉朝王室，迁回旧日国都。这就是我用来报答先帝，并尽忠陛下的职责和本分。至于权衡得失，向陛下进献忠言，就是郭攸之、费祎、董允等人的责任了。

希望陛下能把讨伐曹魏复兴汉室的任务托付给我；如果不能成功，就请治以重罪，以告慰先帝的在天之灵。如果没有劝陛下发扬圣德的忠言，就请追究郭攸之、费祎、董允等人的怠慢之罪，公布他们的过失。陛下也应自行谋划，征询治国的好办法，明察并采纳正直的进言，深切追念先帝遗留的教诲。这样，我就受恩感激不尽了。而今即将告别陛下远征，流着眼泪写下这份奏表，也不知道说了些什么。

清代年画《银坑洞七擒孟获》，描绘诸葛亮第七次捉住孟获的场景。诸葛亮通过七擒七纵孟获，最终平定南方，解除了北伐的后顾之忧

chén qíng biǎo
陈情表

李　密

导读

李密（224～287），字令伯，犍为武阳（今四川彭山）人。曾任蜀国尚书郎，晋灭蜀后，被晋武帝征为太子洗马，以祖母年老多病为由，推辞不就。祖母去世后，历任尚书郎、汉中太守，后因得罪晋武帝被免官。

在这篇《陈情表》中，李密由陈述孤苦身世入手，讲到自己所面临奉亲和应召进退两难的处境，阐明祖孙二人相依为命的特殊关系，点明难以赴召的原因，并恳请武帝恩准。该表行文朴实流畅，语言浅近简洁，情感婉转凄恻，读来感人至深。

原文

chén mì yán chén yǐ xiǎn xìn sù zāo mǐn xiōng
臣密言：臣以险衅❶，夙遭闵凶❷。

shēng hái liù yuè cí fù jiàn bèi xíng nián sì suì jiù duó mǔ zhì
生孩六月，慈父见背❸。行年四岁，舅夺母志❹。

zǔ mǔ liú mǐn chén gū ruò gōng qīn fǔ yǎng
祖母刘，愍臣孤弱❺，躬亲抚养❻。

chén shào duō jí bìng
臣少多疾病，

唐阎立本绘《历代帝王图卷》中的晋武帝司马炎画像

jiǔ suì bù xíng　líng dīng gū kǔ　zhì yú chéng lì　jì wú shū
九岁不行，零丁孤苦❼，至于成立❽。既无叔

bó zhōng xiǎn xiōng dì　mén shuāi zuò bó　wǎn yǒu ér xī　wài
伯，终鲜兄弟❾，门衰祚薄❿，晚有儿息⓫。外

wú jī gōng qiǎng jìn zhī qīn　nèi wú yìng mén wǔ chǐ zhī tóng　qióng
无期功强近之亲⓬，内无应门五尺之童⓭，茕

qióng jié lì　xíng yǐng xiāng diào　ér liú sù yīng jí bìng　cháng
茕孑立⓮，形影相吊⓯。而刘夙婴疾病⓰，常

zài chuáng rù　chén shì tāng yào　wèi cháng fèi lí
在床蓐⓱。臣侍汤药，未尝废离。

民国蔡振绅编撰《八德须知・孝悌》插图《李密陈情》，描绘李密向司马炎陈述自己要照顾年迈祖母，不能出来做官的场景

注释

❶险衅：灾难与祸患，指命运不好。❷夙：早时。闵凶：忧患凶险。❸见背：背离我，弃我而去。此指去世。❹舅夺母志：舅舅强迫母亲改变守节的志向，指母亲改嫁。❺愍：通“悯”，怜悯。❻躬亲：亲自。❼零丁：同“伶仃”，孤独无依的样子。❽成立：成人自立。❾终：又。鲜：少。❿祚：福气。⓫息：亲生子女。⓬期功：古代两个服丧期。期：服丧一年。功：服丧九月为大功，服丧五月为小功。强近：比较亲近。⓭应门：照看门户。⓮茕茕：孤单的样子。孑立：单独而立。⓯吊：慰问。⓰婴：纠缠。⓱蓐：通“褥”，草垫子。

译文

臣李密上言：由于我命运不好，很早就遭遇不幸。刚出生六个月，父亲就去世。到了四岁，舅舅强迫母亲改变守节的志向。祖母刘氏，怜悯我孤苦弱小，就亲自抚养。我小时候经常生病，九岁时还不能走路，始终孤独无依，直到长大成人。既没有叔伯，又缺少兄弟，家门衰落，福分浅薄，很晚才有儿子。外面没有比较亲近的亲戚，家里也没有照应门户的童仆，生活孤单没有依靠，只有和影子相互安慰。而祖母刘氏很早就疾病缠身，时常卧床不起。我早晚服侍饮食汤药，不曾间断和离开过。

原文

dài fèng shèng cháo mù yù
逮奉圣朝[1]，沐浴

qīng huà qián tài shǒu chén kuí
清化[2]。前太守臣逵[3]，

chá chén xiào lián hòu cì shǐ chén
察臣孝廉[4]；后刺史臣

róng jǔ chén xiù cái chén yǐ
荣[5]，举臣秀才[6]。臣以

gōng yǎng wú zhǔ cí bú fù mìng
供养无主，辞不赴命。

西晋青瓷香熏

zhào shū tè xià bài chén láng zhōng xún méng guó ēn chú
诏书特下，拜臣郎中[7]，寻蒙国恩[8]，除

chén xǐ mǎ wěi yǐ wēi jiàn dāng shì dōng gōng fēi chén yǔn
臣洗马[9]。猥以微贱[10]，当侍东宫[11]，非臣陨

shǒu suǒ néng shàng bào chén jù yǐ biǎo wén cí bú jiù zhí
首所能上报[12]。臣具以表闻[13]，辞不就职。

zhào shū qiè jùn　　zé chén bū màn　　jùn xiàn bī pò　　cuī chén
诏书切峻[14]，责臣逋慢[15]；郡县逼迫，催臣
shàng dào　zhōu sī　lín mén　　jí　yú xīng huǒ　chén yù fèng zhào bēn
上道；州司临门[16]，急于星火。臣欲奉诏奔
chí　　zé　yǐ　liú bìng rì　dǔ　　yù gǒu shùn　sī　qíng　　zé gào sù
驰，则以刘病日笃[17]，欲苟顺私情[18]，则告诉
bù xǔ　　chén zhī　jìn　tuì　　shí wéi láng bèi
不许[19]。臣之进退，实为狼狈[20]。

注释

❶逮：到了。圣朝：指晋朝。❷清化：清明政治的教化。❸太守：郡的长官。❹孝廉：汉代选拔人才的察举科目之一，即每年由地方官向朝廷推荐孝顺父母、品行廉洁的人。魏晋沿袭此制。❺刺史：州的长官。❻秀才：指有特殊才能者，与后世科举中的秀才不同。❼郎中：尚书曹司的属官。❽寻：不久。❾除：授职。洗马：即太子洗马，太子属官，掌宫中图籍。❿猥：辱，自谦词。⓫东宫：太子居东宫，用以代指太子。⓬陨首：掉头。⓭具：备陈。表：古代臣下给皇帝的奏章。⓮切峻：急切而严厉。⓯逋慢：回避怠慢。⓰州司：州的长官。⓱笃：沉重。⓲苟顺：姑且迁就。⓳告诉：向长官申诉。⓴狼狈：困顿窘迫、左右为难的样了。

译文

到了晋朝建立，我承受清明政治的教化。起初有太守逵，推选我为孝廉；后来又有刺史荣，举荐我为秀才。我因祖母无人供养，推辞没有遵命。朝廷便特下诏书，任命我为郎中，不久又蒙受国家恩典，授职为太子洗马。以我这样卑微低贱

西晋青釉羊

的身份，担当侍奉太子的官职，这实在不是我肝脑涂地所能报答的。我把自己的想法上表奏闻，推辞不去就职。但是诏书急切而严厉，责备我回避怠慢；郡县长官逼迫，催我立刻上路；州司长官登门督促，比流星火光还要急迫。我很想奉诏为皇上奔走效劳，但祖母刘氏的病却一天比一天加重；我想姑且迁就自己的私情，向长官申诉却不被允许。我的处境进退两难，实在狼狈不堪。

原文

fú wéi shèng cháo yǐ xiào zhì tiān xià fán zài gù lǎo yóu
伏惟圣朝以孝治天下[1]，凡在故老，犹
méng jīn yù kuàng chén gū kǔ tè wéi yóu shèn qiě chén shào
蒙矜育[2]，况臣孤苦，特为尤甚。且臣少
shì wěi cháo lì zhí láng shǔ běn tú huàn dá bù jīn
仕伪朝[3]，历职郎署[4]，本图宦达[5]，不矜
míng jié jīn chén wáng guó jiàn fú zhì wēi zhì lòu guò méng
名节[6]。今臣亡国贱俘，至微至陋，过蒙

甘肃嘉峪关壁画墓出土的西晋备厨图

明张玘石刻《忠孝节义图》上的李密画像

bá zhuó chǒng mìng yōu wò qǐ
拔擢⑦，宠命优渥⑧，岂
gǎn pán huán yǒu suǒ xī jì dàn
敢盘桓⑨，有所希冀？但
yǐ liú rì bó xī shān qì xī yǎn
以刘日薄西山⑩，气息奄
yǎn rén mìng wēi qiǎn zhāo bú lǜ
奄⑪，人命危浅，朝不虑
xī chén wú zǔ mǔ wú yǐ zhì jīn
夕。臣无祖母，无以至今
rì zǔ mǔ wú chén wú yǐ zhōng
日；祖母无臣，无以终
yú nián mǔ sūn èr rén gēng xiāng
余年。母孙二人，更相
wéi mìng shì yǐ qū qū bù néng fèi
为命，是以区区不能废
yuǎn chén mì jīn nián sì shí yòu sì zǔ mǔ liú jīn nián jiǔ shí
远⑫。臣密今年四十有四，祖母刘今年九十
yòu liù shì chén jìn jié yú bì xià zhī rì cháng bào liú zhī rì duǎn
有六，是臣尽节于陛下之日长，报刘之日短
yě wū niǎo sī qíng yuàn qǐ zhōng yǎng
也。乌鸟私情⑬，愿乞终养。

chén zhī xīn kǔ fēi dú shǔ zhī rén shì jí èr zhōu mù bó suǒ
臣之辛苦，非独蜀之人士及二州牧伯所
jiàn míng zhī huáng tiān hòu tǔ shí suǒ gòng jiàn yuàn bì xià
见明知⑭，皇天后土⑮，实所共鉴。愿陛下
jīn mǐn yú chéng tīng chén wēi zhì shù liú jiǎo xìng zú
矜悯愚诚⑯，听臣微志⑰，庶刘侥幸⑱，卒

bǎo yú nián chén shēng dāng yǔn shǒu sǐ dāng jié cǎo chén bú
保余年。臣生当陨首，死当结草[19]。臣不
shèng quǎn mǎ bù jù zhī qíng jǐn bài biǎo yǐ wén
胜犬马怖惧之情[20]，谨拜表以闻。

注释

❶伏惟：俯地思量，古时下级对上级表示恭敬的词语。❷矜育：怜悯，养育。❸伪朝：指为晋所灭的蜀汉。❹郎署：郎官的衙署。❺宦达：官职显达。❻矜：夸耀。❼过：超出常规。拔擢：提拔。❽宠命：特别恩惠的任命。优渥：优厚。❾盘桓：逗留，指辞不赴命。❿薄：迫近。⓫奄奄：呼吸微弱而难续的样子。⓬区区：形容感情恳切。废远：离开远去。⓭乌鸟私情：传说乌鸦有反哺之情，比喻人的孝心。⓮二州：益州和梁州。牧伯：州郡行政长官。⓯皇天后土：天地神明。⓰矜愍：怜悯。愚诚：愚拙和至诚。⓱听：允许，同意。⓲庶：庶几，或许。⓳结草：指报恩，典出《左传·宣公十五年》。春秋时，晋大夫魏武子临终嘱咐儿子魏

清绣像本《东周列国志》插图《老人结草亢杜回》，讲述了结草报魏的典故

颗将宠妾殉葬，魏颗没有照办。后与秦将杜回交战，见一老人结草把杜回绊倒，因而将杜回擒获。魏颗夜间梦见老人，自称是魏武子宠妾的父亲，特来报恩。⑳不胜：不尽。

译文

我认为晋朝以孝道治理天下，凡是老人，尚且受到怜悯养育，何况我孤单贫苦，又特别严重呢。再说，我年轻时曾在蜀汉任职，一直做到郎官，原来就希望仕途显达，并不夸耀名声节操。现在我是亡国的俘虏，实在微贱卑陋，却受到超常提拔，恩宠优厚，怎敢犹豫彷徨而有非分的要求呢？只是因为祖母刘氏已风烛残年，气息微弱，生命垂危，到了早上不知傍晚的境地。我没有祖母，不会活到今天；祖母没有我，不能度过剩下的岁月。祖孙二人，相依为命，正是出于这种恳切之情才不能放弃对祖母的奉养而远行。我今年四十四岁，祖母刘氏九十六岁，这样看来，我尽忠陛下的日子还长，而报答刘氏的日子却不多了。我怀着乌鸦反哺的私情，乞求能准许我为祖母养老送终的恳求。

近代黄少牧篆李密《陈情表》句“臣无祖母，无以至今日”

我的辛酸苦楚，不单是蜀地人士及二州长官能明白知晓，就连天地神明，也都能看得清清楚楚。希望陛下能怜悯我的愚拙和至诚，满足我微不足道的心愿，祖母刘氏或许能因此侥幸，最终得以安度余生。我活着应当杀身报效朝廷，死了也要结草报答陛下的恩情。我怀着犬马一样不胜恐惧的心情，恭敬地呈上此表奏报陛下。

西晋青瓷神兽尊

lán tíng jí xù

兰亭集序

王羲之

导读

王羲之（321～379），东晋书法家。字逸少，琅琊临沂（今山东临沂）人。早年曾任秘书郎、长史、江州刺史、右军将军等职，晚年称病去官，放情山水。所作《兰亭集序》，笔势矫若游龙惊风，历来被视为书苑珍品。

本篇是记述东晋文坛盛事雅集的美文。东晋永和九年（353），王羲之与当时名士谢安、孙绰等四十一人在兰亭聚会，曲水流觞，吟诗抒怀，诗作被编纂成册，由王羲之作序，是为《兰亭集序》。序文既记录这次盛会的时间、地点、原因，又以清新的笔致描写兰亭四周暮春之初的风光景物，并由良辰美景之乐引发对人生悠忽的无限感叹，集记事、写景、抒情、议论于一体，行如流水，自然天成。

清人绘王羲之画像

原文

yǒng hé jiǔ nián suì zài guǐ chǒu mù chūn zhī chū
永和九年[1]，岁在癸丑[2]，暮春之初，
huì yú kuài jī shān yīn zhī lán tíng xiū xì shì yě qúnxián bì
会于会稽山阴之兰亭[3]，修禊事也[4]。群贤毕
zhì shàozhǎngxián jí cǐ dì yǒu chóngshān jùn lǐng mào lín
至[5]，少长咸集[6]。此地有崇山峻岭，茂林
xiū zhú yòu yǒu qīng liú jī tuān yìng dài zuǒ yòu yǐn yǐ wéi
修竹；又有清流激湍[7]，映带左右[8]，引以为

liú shāng qū shuǐ　liè zuò qí cì　suī wú sī zhú guǎn xián zhī
流觞曲水❾。列坐其次❿，虽无丝竹管弦之
shèng　yì shāng yì yǒng　yì zú yǐ chàng xù yōu qíng　shì rì
盛⓫，一觞一咏，亦足以畅叙幽情。是日
yě　tiān lǎng qì qīng　huì fēng hé chàng　yǎng guān yǔ zhòu zhī
也，天朗气清，惠风和畅⓬。仰观宇宙之
dà　fǔ chá pǐn lèi zhī shèng　suǒ yǐ yóu mù chěng huái　zú
大，俯察品类之盛⓭，所以游目骋怀⓮，足
yǐ jí shì tīng zhī yú　xìn kě lè yě
以极视听之娱⓯，信可乐也。

注释

清殿藏本谢安画像

❶永和：东晋穆帝年号。永和九年，即公元353年。❷癸丑：古人以天干地支相配纪年，永和九年正当干支癸丑。❸会稽：郡名，治所在今浙江绍兴。山阴：县名，治所在今浙江绍兴。❹修禊：古代习俗，阴历三月上巳日（魏以后定为三月三日），人们临水行祭，以袚除不祥和求福。❺群贤：指名流孙绰、谢安、支遁等人。❻咸：都。❼激湍：很急的水流。❽映带：掩映环绕。❾流觞：修禊时的一种活动。用耳杯盛酒放在水上，任其漂流，流到谁面前谁就拿起酒杯喝酒。曲水：回环的水流。❿次：次第，旁边。⓫丝竹管弦：泛指音乐。⓬惠风：和煦的清风。⓭品类：指自然界的万物。⓮游目：纵目观望。骋怀：舒展胸怀。⓯极：穷尽。

译文

永和九年，是癸丑之年，暮春三月初，在会稽郡山阴县的兰

京洛銅駝草莽深春風修竹滿山陰右軍憂國心
如許也伴蘭亭醉客吟 觴詠餘情落筆時接
來感慨已先知山陰道士衣冠少竹裏荒祠澗水悲
甲子小春月上澣 蜀南丹稜山樵彭暘

清彭旸绘《曲水流觞图》

亭集会,举行修禊活动。众多贤才都来到这里，年长年少的聚在一起。这里有高峻的山岭，茂密的树林和高大的竹丛；又有清澈湍急的溪流，掩映环绕左右，被用来作为漂流酒杯的曲折水道。大家依次坐在水边，虽然没有管弦齐奏的盛况，但是边饮酒边作诗，也足以畅述内心深处的情怀。这一天，天空晴朗，空气清新，春风和暖。抬头仰望宇宙空间的无限浩大，低首俯视万物品类的兴盛繁茂，借以放眼纵观，舒展胸怀，足以尽享耳闻目及的乐趣，实在是快乐啊！

原文

fú rén zhī xiāng yǔ　fǔ yǎng yí shì　huò qǔ zhū huái
夫人之相与[1]，俯仰一世[2]。或取诸怀
bào　wù yán yí shì zhī nèi　huò yīn jì suǒ tuō　fàng làng xíng
抱，晤言一室之内[3]；或因寄所托[4]，放浪形
hái zhī wài　suī qǔ shě wàn shū　jìng zào bù tóng　dāng qí xīn
骸之外[5]。虽趣舍万殊[6]，静躁不同，当其欣
yú suǒ yù　zàn dé yú jǐ　kuài rán zì zú　bù zhī lǎo zhī jiāng
于所遇，暂得于己，快然自足[7]，不知老之将

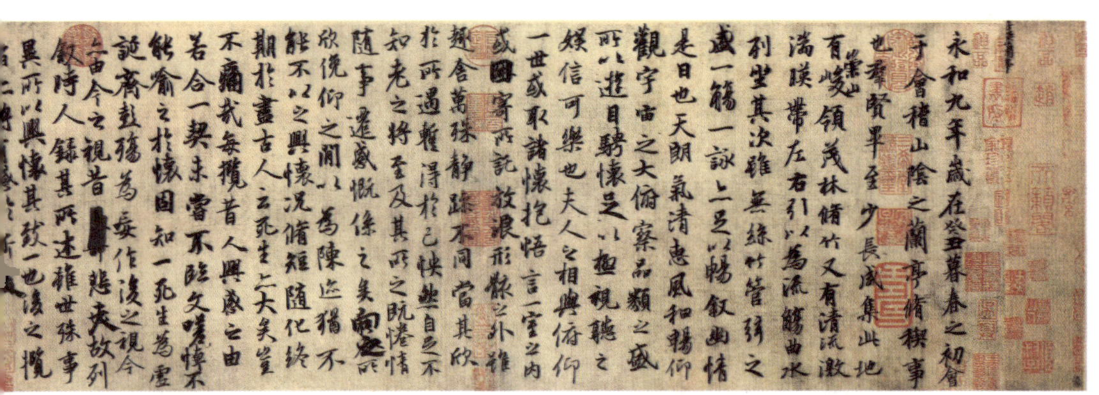
王羲之书法传世之作《兰亭集序》

至。及其所之既倦[8]，情随事迁，感慨系之矣[9]。向之所欣，俯仰之间，已为陈迹，犹不能不以之兴怀[10]。况修短随化[11]，终期于尽。古人云："死生亦大矣[12]。"岂不痛哉！

明仇英绘《兰亭雅集图》

每览昔人兴感之由，若合一契[13]，未尝不临文嗟悼[14]，不能喻之于怀[15]。固知一死生为虚诞[16]，齐彭殇为妄作[17]。后之视

jīn yì yóu jīn zhī shì xī bēi fú gù liè xù shí rén lù qí
今，亦犹今之视昔，悲夫！故列叙时人[18]，录其
suǒ shù suī shì shū shì yì suǒ yǐ xīnghuái qí zhì yī yě
所述[19]。虽世殊事异，所以兴怀，其致一也[20]。
hòu zhī lǎn zhě yì jiāngyǒugǎn yú sī wén
后之览者，亦将有感于斯文。

注释

❶相与：相处，交往。❷俯仰：低头抬头，比喻时间短促。❸晤言：面对面地谈话。❹因寄：有所依托。❺放浪：任性不受拘束。形骸：身体。❻趣舍：即取舍。❼快然：喜出望外的样子。❽之：到。引申为经历。❾系之：随之而来。❿兴怀：引发感触。⓫修短：指生命长短。随化：由天决定。化，造化，自然。⓬死生亦大矣：《庄子·德充符》中所引孔子的话。⓭契：符契。古代用作凭证，各执一半，相合为信。⓮临文：

清人绘《历代名臣像解》中的庄子画像

清樊圻绘《宴饮流觞图卷》

看到文辞。嗟悼：叹息哀念。⑮喻：明白，领悟。⑯一死生：庄子认为生死同时存在于一体，生死没有区别。语出《庄子·德充符》。⑰齐彭殇：庄子认为长寿与短命没有区别。语出《庄子·齐物论》。⑱列叙时人：一一记下与会者。⑲所述：与会者的诗作。⑳致：情趣。

译文

人们彼此交往，很快便度过一生。有的人喜欢反躬自省，满足于一室之内的晤谈；有的人则寄托于外物，生活放荡不羁。虽然取舍千差万别，沉静浮躁各不相同，但是当他们因遇到喜事而高兴，自己暂有所得，就感到心满意足，竟忘记衰老即将到来。等到对那些所得感到厌倦，情怀就会随事物的变化而改变，感慨便随之产生。从前享受的快乐，转眼之间成为过去，对此尚且不能不深有感触。更何况寿命的长短听凭造化，最终都将归于消亡。古人说："死生也是件大事啊！"这怎能不让人痛心呢！

每当看到前人抒发感慨的缘由，与我所感叹的如同符契那样相合，未曾不面对他们的文章嗟叹悲伤，心里却不明白为什么会这样。本来知道把死和生当作一回事是虚伪荒诞的，把长寿和短命看作一样是矫妄做作的。后人看待今天，如同今人看待过去一样，真是可悲呀！所以我把这次与会者一一记下，抄录他们所作诗篇。尽管时代不同，世事变化，但是人们抒发情怀的缘由是一样的。后世的读者，大概也会由这些诗文引发同样的感慨吧。

guī qù lái cí

归去来辞

陶渊明

导读

陶渊明（365～427），东晋文学家，古代田园诗的创始者和奠基人。名潜，字元亮，浔阳柴桑（今江西九江西南）人。早年几次出仕，曾任江州祭酒、镇军参军、建威参军、彭泽令等职。四十一岁时弃官归田，长期过着隐居生活。

明人绘陶渊明画像

《归去来辞》作于陶渊明辞去彭泽令之后，文章以简洁的笔墨陈述出仕和归隐的原因，生动描述摆脱官场生活束缚、远道归来的喜悦心情和向往淳朴田园生活的高洁情趣，最后以顺情适意总结，在乐知天命以尽余年中透出处世立身的哲理。全文一气贯通，情感真切，音韵和谐，意味醇厚，为后世推崇备至。

原文

guī qù lái xī　tián yuán jiāng wú hú bù guī　jì zì yǐ
归去来兮[1]，田园将芜胡不归[2]？既自以

xīn wéi xíng yì　xī chóu chàng ér dú bēi　wù yǐ wǎng zhī bú
心为形役[3]，奚惆怅而独悲[4]？悟已往之不

jiàn　zhī lái zhě zhī kě zhuī　shí mí tú qí wèi yuǎn　jué jīn shì
谏，知来者之可追[5]。实迷途其未远，觉今是

ér zuó fēi　zhōu yáo yáo yǐ qīng yáng　fēng piāo piāo ér chuī yī
而昨非。舟遥遥以轻飏[6]，风飘飘而吹衣。

wèn zhēng fū yǐ qián lù　hèn chén guāng zhī xī wēi　nǎi zhān
问征夫以前路[7]，恨晨光之熹微[8]。乃瞻

héng yǔ zài xīn zài bēn tóng pú huānyíng zhì zǐ hòumén
衡宇[9]，载欣载奔[10]。僮仆欢迎，稚子候门。
sān jìng jiù huāng sōng jú yóucún xié yòu rù shì yǒu jiǔ yíng
三径就荒[11]，松菊犹存。携幼入室，有酒盈
zūn yǐn hú shāng yǐ zì zhuó miǎntíng kē yǐ yí yán yǐ
樽[12]。引壶觞以自酌[13]，眄庭柯以怡颜[14]。倚
nánchuāng yǐ jì ào shěnróng xī zhī yì ān yuán rì shè yǐ
南窗以寄傲[15]，审容膝之易安[16]。园日涉以
chéng qù mén suī shè ér chángguān cè fú lǎo yǐ liú qì shí
成趣，门虽设而常关。策扶老以流憩[17]，时
jiǎoshǒu ér xiá guān yún wú xīn yǐ chū xiù niǎojuàn fēi ér zhī
矫首而遐观[18]。云无心以出岫[19]，鸟倦飞而知
huán jǐng yì yì yǐ jiāng rù fǔ gū sōng ér pánhuán
还。景翳翳以将入[20]，抚孤松而盘桓[21]。

注释

❶归去来：归去。来，语气词。❷胡：为什么。❸心为形役：心为形体役使。❹奚：为何。❺“悟已往”两句：语本《论语·微子》“往者不

明马轼等绘《归去来兮图》（局部），讲述陶渊明辞官回乡的故事

明王仲玉绘陶渊明画像

可谏，来者犹可追”。谏：劝阻，挽回。追：补救。❻遥遥：即“摇摇”，船在水中晃动的样子。飏：荡漾。❼征夫：行人。❽熹微：晨光微露。❾衡宇：横木为门的房屋，此指陋室。❿载：且。⓫三径：西汉末年王莽专权，蒋诩辞官归隐，在院中开三条小路，只与求仲、羊仲来往。后以“三径”指归隐者的家园。⓬樽：酒器。⓭引：举起。觞：酒杯。⓮眄：斜视。庭柯：院中的树木。⓯寄傲：寄托傲视的情志。⓰审：领悟。容膝：形容屋小只能容下双膝。⓱策：拄。扶老：手杖。流憩：流连休息。⓲矫首：抬头。遐观：远望。⓳无心：无意间。岫：山。⓴景：日光。翳翳：昏暗的样子。㉑盘桓：徘徊，逗留。

译文

回去吧，田园快要荒芜了，为什么还不回去呢？既然自己的心灵为形体所役使，为什么如此惆怅而独自伤悲？认识到过去的错误已经不可挽回，知道未来的事情还可以补救。其实步入迷途并不算太远，认识到如今做得正确而过去却非常错误。船儿在水中轻轻飘荡，微风吹拂我的衣裳。向行人打听前面的路程，只恨

元赵孟頫行书《归去来辞》

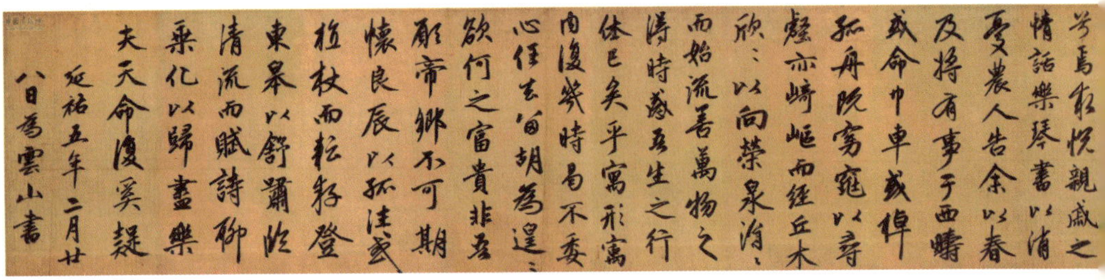

晨光刚露还不明亮。一看到自己简陋的家门，又是兴奋又是奔跑。家中僮仆出来欢迎，年幼的孩子等候在门庭。院中小路已经荒芜，松树菊花还长在那里。拉着幼儿走进室内，尚有陈酒盛满酒樽。端起酒杯自斟自饮，欣赏庭院中的树木多么惬意开心。身倚南窗寄托傲岸情怀，深知这狭小之地容易使人心安。每天在园内散步自有乐趣，尽管有大门却经常关闭。拄着手杖四处走走停停，不时抬头远望天空。白云无意飘出山坳，鸟儿飞倦知道自己回来。日光渐渐昏暗，即将隐入西山，我手抚孤松流连忘返。

近代张元济楷书陶渊明《归去来辞》

原文

guī qù lái xī qǐng xī jiāo yǐ jué yóu shì yǔ wǒ ér xiāng
归去来兮，请息交以绝游[1]。世与我而相

wéi fù jià yán xī yān qiú yuè qīn qī zhī qíng huà lè qín shū
违，复驾言兮焉求[2]？悦亲戚之情话，乐琴书

yǐ xiāo yōu nóng rén gào yú yǐ chūn jí jiāng yǒu shì yú xī chóu
以消忧。农人告余以春及，将有事于西畴[3]。

huòmìng jīn chē huòzhào gū zhōu jì yǎotiǎo yǐ xún hè
或命巾车[4]，或棹孤舟[5]。既窈窕以寻壑[6]，

yì qí qū ér jīng qiū mù xīn xīn yǐ xiàngróng quán juān juān ér
亦崎岖而经丘[7]。木欣欣以向荣[8]，泉涓涓而

shǐ liú xiànwàn wù zhī dé shí gǎn wú shēng zhī xíng xiū
始流。羡万物之得时，感吾生之行休[9]。

yǐ yǐ hū yù xíng yǔ nèi fù jǐ shí hé bù wěi xīn rèn
已矣乎！寓形宇内复几时[10]？曷不委心任

qù liú hú wéi huánghuáng yù hé zhī fù guì fēi wú yuàn
去留[11]？胡为遑遑欲何之[12]？富贵非吾愿，

dì xiāng bù kě qī huái liáng chén yǐ gū wǎng huò zhí zhàng ér
帝乡不可期[13]。怀良辰以孤往，或植杖而

yún zǐ dēngdōnggāo yǐ shūxiào lín qīng liú ér fù shī liáo
耘耔[14]。登东皋以舒啸[15]，临清流而赋诗。聊

chénghuà yǐ guī jìn lè fú tiānmìng fù xī yí
乘化以归尽[16]，乐夫天命复奚疑[17]！

注释

❶息交：停止与世俗交往。绝游：不再外出走动。❷驾言：驾车出游，

明马轼等绘《归去来兮图》（局部），描绘“或棹孤舟”意境

语本《诗经·邶风·泉水》。❸事：农事。畴：田地。❹巾车：有帷幕的车子。❺棹：船桨，这里用作动词，划船。❻窈窕：山水幽深曲折的样子。壑：山沟。❼崎岖：高低不平的样子。❽欣欣：生机勃勃的样子。❾行休：行将结束。❿寓形宇内：寄身天地间，即活在世上。⓫委心：随心如意。⓬遑遑：心神不定的样子。⓭帝乡：仙境，语本《庄子·天地》。⓮植杖：把手杖竖在田边。耘：除草。耔：培土。⓯皋：水边高地。舒啸：舒气长啸。⓰乘化：顺应自然变化的规律。归尽：到死。⓱乐夫天命：乐观地安于命运，语本《易·系辞》。

译文

回去吧，让我断绝与世俗的往来交游。既然世俗与我的志趣不合，我还驾车出游去追求什么？亲戚间的知心话能使人快乐，弹琴读书可以解闷消愁。农夫告诉我春天已经来临，将要去西边田里去耕耘。有时驾着布篷小车，有时划着一叶扁舟。有时顺着幽深曲折的溪水进入山谷，有时循着崎岖不平的小路走过山丘。树木欣欣向荣，泉水潺潺流动。我羡慕万物得逢天时，感叹自己的一生行将结束。

算了吧！寄身天地之间还有多少时日，为什么不随心所欲听凭去留？为什么还要心神不定地想去哪里？企求富贵不是我的心愿，仙境缥缈也不可期盼。只希望有个好日子独自出游，或者将手杖插在田边去除草培土。登上东边的高岗放声长啸，面对清清的溪流吟诵诗篇。姑且顺应自然变化走向生命尽头，乐安天命还有什么可疑虑！

清王震书画《归去来辞》

táo huā yuán jì
桃花源记

陶渊明

本文是陶渊明的代表作之一，为晚年所作《桃花源诗》的序言。作品以引人入胜的笔法，将人们带入一个以桃花林为标志、与世隔绝的山中小村，那里风景优美如画，百姓怡然自乐，没有人世喧嚣，充满淳朴之风，但又令人历而不可复得。这是一个没有剥削压迫的理想世界，是历代人们向往的“世外桃源”。文章笔调流畅，描写逼真，读后使人如临其境，如闻其声，具有极强的艺术感染力。

明刻《历代帝贤像》中的陶渊明画像

jìn tài yuán zhōng　wǔ líng rén bǔ yú wéi yè　yuán xī
晋太元中[1]，武陵人捕鱼为业[2]。缘溪
xíng　wàng lù zhī yuǎn jìn　hū féng táo huā lín　jiā àn shù bǎi
行[3]，忘路之远近。忽逢桃花林，夹岸数百
bù　zhōng wú zá shù　fāng cǎo xiān měi　luò yīng bīn fēn　yú rén
步，中无杂树，芳草鲜美，落英缤纷[4]。渔人
shèn yì zhī　fù qián xíng　yù qióng qí lín
甚异之，复前行，欲穷其林。

lín jìn shuǐ yuán　biàn dé yì shān　shān yǒu xiǎo kǒu　fǎng
林尽水源，便得一山，山有小口，仿
fú ruò yǒu guāng　biàn shě chuán　cóng kǒu rù　chū jí xiá　cái tōng
佛若有光。便舍船，从口入。初极狭，才通

rén fù xíng shù shí bù huò rán kāi lǎng tǔ dì píng kuàng wū
人。复行数十步，豁然开朗。土地平旷，屋

shè yǎn rán yǒu liáng tián měi chí sāng zhú zhī shǔ qiān mò jiāo
舍俨然[5]，有良田、美池、桑竹之属。阡陌交

tōng jī quǎn xiāng wén qí zhōng wǎng lái zhòng zuò nán nǚ
通[6]，鸡犬相闻。其中往来种作，男女

yī zhuó xī rú wài rén huáng fà chuí tiáo bìng yí rán zì lè
衣着，悉如外人；黄发垂髫[7]，并怡然自乐。

jiàn yú rén nǎi dà jīng wèn suǒ cóng lái jù dá zhī
见渔人，乃大惊，问所从来，具答之。

biàn yāo huán jiā shè jiǔ shā jī zuò shí cūn zhōng wén yǒu cǐ
便要还家[8]，设酒杀鸡作食。村中闻有此

rén xián lái wèn xùn zì yún xiān shì bì qín shí luàn shuài qī
人，咸来问讯[9]。自云先世避秦时乱，率妻

zǐ yì rén lái cǐ jué jìng bú fù chū yān suì yǔ wài rén jiàn
子邑人[10]，来此绝境，不复出焉，遂与外人间

gé wèn jīn shì hé shì nǎi bù zhī yǒu hàn wú lùn wèi jìn
隔。问今是何世，乃不知有汉[11]，无论魏晋。

cǐ rén yī yī wèi jù yán suǒ wén jiē tàn wǎn yú rén gè fù yán zhì
此人一一为具言所闻，皆叹惋。余人各复延至

清石涛绘《桃源图卷》（局部）

清黄山寿绘《桃源仙境》图（局部）

qí jiā jiē chū jiǔ shí tíng
其家[12]，皆出酒食。停
shù rì cí qù cǐ zhōng rén
数日，辞去。此中人
yù yún bù zú wèi wài rén dào
语云："不足为外人道
yě
也。"
jì chū dé qí chuán biàn
既出，得其船，便
fú xiàng lù chù chù zhì zhī
扶向路[13]，处处志之[14]。
jí jùn xià yì tài shǒu shuō rú cǐ tài shǒu jí qiǎn rén suí
及郡下，诣太守[15]，说如此。太守即遣人随
qí wǎng xún xiàng suǒ zhì suì mí bú fù dé lù nán yáng liú
其往，寻向所志，遂迷，不复得路。南阳刘
zǐ jì gāo shàng shì yě wén zhī xīn rán guī wǎng wèi
子骥[16]，高尚士也。闻之，欣然规往[17]。未
guǒ xún bìng zhōng hòu suì wú wèn jīn zhě
果[18]，寻病终[19]。后遂无问津者[20]。

注释

❶太元：东晋孝武帝的年号（376～396）。❷武陵：晋郡名，治所在今湖南常德。❸缘：沿着。❹落英：初开的花。缤纷：繁多的样子。❺俨然：整齐的样子。❻阡陌：田间小路，南北走向的称"阡"，东西走向的称"陌"。交通：交错相通。❼黄发：指老人。垂髫：指儿童。古代小孩不扎结头发，头发下垂。❽要：通"邀"，邀请。❾咸：都。问讯：打听消息。❿邑人：同县的人。⓫乃：竟然。⓬延：邀请。⓭扶：沿着。向：从前。⓮志：动词，作标记。⓯诣：到。⓰南阳：晋郡名，今属河南。刘子

近代沈燧绘《桃源问津图》

骥：名骥之，是当时隐士。⑰规：规划，打算。⑱未果：没有实现。⑲寻：不久。⑳问津：问渡口，这里是探访、寻找的意思。

译文

东晋太元年间，有个武陵人以捕鱼为生。一天，他沿着溪水前行，忘记了路程的远近。忽然遇到一片桃花林，只见两岸几百步之内，中间没有别的树，芳草鲜美，桃花盛开。渔人觉得非常奇怪，便继续往前走，想到达桃林的尽头。

桃林的尽头就是溪水的源头，渔人发现一座小山，山上有个小洞口，仿佛有光亮透出来。渔人便丢下船，从洞口走进去。起初洞口很狭窄，仅容一个人通过。再向前走几十步，突然变得开阔敞亮。只见土地平坦广阔，房屋整整齐齐，还有肥沃的田地、幽美的池塘和桑树、竹林等等。田间小路交错相通，鸡鸣狗吠之声彼此相闻。田野间来往耕作的人们，男女的衣着装束都和外面不一样；老人和小孩都自由自在，快乐逍遥。

他们看见渔人，都非常惊讶，问他是从哪儿来的，渔人都一一作了回答。人们邀请渔人到家里去，摆酒杀鸡做饭款待他。村里听说有这样一个客人，都来打听消息。他们说祖先为了躲避秦朝战乱，领着妻子儿女和乡邻来到这个与世隔绝的地方，不再外出，于是和外面的人断绝了来往。询问现在是什么朝代，他们竟然不知道有汉朝，更不要说魏和晋了。渔人把自己知道的事情详细地告诉他们，他们听后都惊叹惋惜。其余的人也都邀请渔人到自己家中，拿出酒饭招待他。渔人逗留几天后，告辞离开。这里的人叮嘱他说："用不着对外面人说起这里的事情。"

渔人出了洞口，找到他的船，顺着来时的路回去，处处作了记号。回到郡里，到太守那里说了这一经历。太守立即派人跟着他前往，寻找先前所作的记号，结果迷失方向，没有找到通往桃花源的路。南阳有个刘子骥，是位志趣高尚的读书人。听说这件事，兴致勃勃地准备去寻访。但是没有去成，不久便得病去世。后来就再也没有去探寻桃花源的人了。

滕王阁序

téngwáng gé xù

王勃

导读

清人绘《历代名臣像解》中的王勃画像

王勃（约649～676），唐代文学家，“唐初四杰”之一。字子安，绛州龙门（今山西河津）人。其诗长于五律，偏于描写个人经历，多思乡怀人、酬赠往还之作，风格较为清新流丽。其文多为骈体，重辞采而有气势。

这篇序是骈体文的名篇，序文一改六朝骈文纤丽绮靡、空洞无物的文风，运用较为贴切的典故，发挥骈文铺陈描写的特点，写出秀丽如画的风景，寥廓雄壮的山川，情景俱佳，声色并陈。后从宴会娱游写到人生遇合，抒发自己怀才不遇的愤懑心情和不甘失败的上进心理。全文句法以四字、六字句为多，对仗整齐，虽通篇用典，但自然而恰当，典雅而工巧。

原文

yù zhāng gù jùn　hóng dū xīn fǔ　xīng fēn yì zhěn
豫章故郡❶，洪都新府。星分翼轸❷，

dì jiē héng lú　jīn sān jiāng ér dài wǔ hú　kòng mán jīng
地接衡庐❸。襟三江而带五湖❹，控蛮荆

ér yǐn ōu yuè　wù huá tiān bǎo　lóng guāng shè niú dǒu zhī
而引瓯越❺。物华天宝❻，龙光射牛斗之

墟⑦；人杰地灵，徐孺下陈蕃之榻⑧。雄州雾列⑨，俊彩星驰⑩。台隍枕夷夏之交⑪，宾主尽东南之美。都督阎公之雅望⑫，棨戟遥临⑬；宇文新州之懿范⑭，襜帷暂驻⑮。十旬休暇⑯，胜友如云⑰；千里逢迎，高朋满座。腾蛟起凤，孟学士之词宗⑱；紫电清霜，王将军之武库⑲。家君作宰⑳，路出名区㉑；童子何知㉒，躬逢胜饯㉓。

xū rén jié dì líng xú rú xià chén fān zhī tà xióng zhōu wù liè jùn cǎi xīng chí tái huáng zhěn yí xià zhī jiāo bīn zhǔ jìn dōng nán zhī měi dū dū yán gōng zhī yǎ wàng qǐ jǐ yáo lín yǔ wén xīn zhōu zhī yì fàn chān wéi zàn zhù shí xún xiū xiá shèng yǒu rú yún qiān lǐ féng yíng gāo péng mǎn zuò téng jiāo qǐ fèng mèng xué shì zhī cí zōng zǐ diàn qīng shuāng wáng jiāng jūn zhī wǔ kù jiā jūn zuò zǎi lù chū míng qū tóng zǐ hé zhī gōng féng shèng jiàn

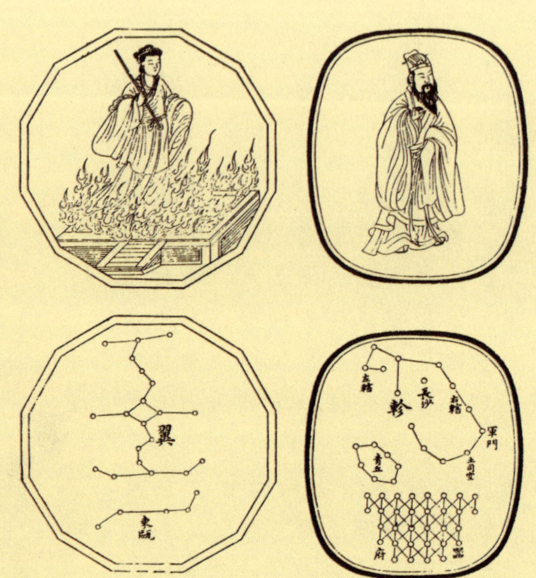
明程大约编绘《程氏墨苑》卷二《玄工下》中的翼室、轸室插图

近代吴淑娟绘《滕王阁图》

注释

清顾沅辑《古圣贤像传略》中的雷焕画像

❶豫章：汉时郡名，郡治在今江西南昌。隋时一度改为洪州，唐代成为江南道洪州中都督府治所，故下文说是“洪都新府”。❷星分翼轸：古人习惯以天上星宿与地上区域对应，称之为“分野”。翼轸二星的分野包括洪州。❸衡庐：衡山和庐山。❹襟三江：以三江为襟。长江流经鄱阳湖后，分成三道入海，即所谓三江。带五湖：以五湖为带。五湖泛指长江中下游一带的湖泊。❺蛮荆：古楚地，今湖北、湖南一带。瓯越：古东越，今浙江、福建地区。❻物华：地上物产的精华。天宝：天上的宝气。❼龙光：剑气。牛斗之墟：晋代张华看到牛斗二星之间常有紫气，命雷焕到丰城掘得龙泉、太阿二剑。后双剑入水化为双龙。❽徐孺：即徐稚，东汉隐士，豫章南昌人。陈蕃之榻：陈蕃为豫章太守，不接宾客，唯徐稚来访，才设一榻，徐稚去后则悬起。❾雄州：指洪州。雾列：房屋多如云雾排列。❿俊彩：人才出众。星驰：如繁星一样运行。⓫台隍：亭台城池。夷夏之交：古代称荆楚地区为蛮夷，中原为华夏，洪州处在两地之间。⓬都督阎公：当时洪州都督姓阎。雅望：崇高的名望。⓭棨戟：有衣套的戟，用作官吏出行的仪仗。遥临：远道来临。⓮宇文新州：一个姓宇文的新任州牧。懿范：美好的风范。⓯襜帷：车子的帷幔。暂驻：暂时停留，指参加宴会。⓰十旬：唐代官员十天休息一天，称旬休。⓱胜友：才华出众的友人。⓲“腾蛟”二句：赞扬孟学士文采飞扬。腾蛟起凤：形容人的文章华美，如蛟龙、凤凰腾空飞舞。词宗：文章高手。⓳“紫电”二句：赞扬王将军之武

清人绘《历代名臣像解》中的徐稚画像

略。紫电、清霜：皆宝剑名。武库：兵器库，借指王将军富于谋略。⑳家君：对自己父亲的称呼。作宰：任县令。㉑名区：名胜之地，此指洪州。㉒童子：王勃自称。㉓躬：亲自。胜饯：盛大的宴会。

译文

这里是汉代的豫章郡城，如今是洪州的都督府。天上属于翼、轸两星宿的分野，地下连结着衡山和庐山。以三江为衣襟，以五湖作衣带，控制楚地，连接闽越。这里物类有光华，天上有宝气，宝剑光芒直冲牛、斗二宿的区域；人中有英杰，大地有灵气，陈蕃专为徐稚设下几榻。雄伟的州城，房屋像雾一般罗列，英俊的人才，如繁星一样活跃。城池坐落在夷夏交界的地方，主人与宾客都是东南地区的才俊。都督阎公享有崇高的名望，远道来到洪州坐镇；宇文州牧是美德的楷模，赴任途中在此暂留。正逢十日休假的日子，杰出的友人云集；高贵的宾客，也都不远千里来到这里聚会。文坛领袖孟学士，文章的气势像腾起的蛟龙，飞舞的彩凤；王将军的武库里，藏有紫电、清霜这样锋利的宝剑。由于父亲在交趾做县令，我探亲途中路过宝地；在下年幼无知，竟有幸亲身参加这次盛大的宴会。

明刻本《三才图会》中的滕王阁图

南昌故郡洪都新府星分翼軫地接衡廬襟三江而帶五湖控蠻荊而引甌越物華天保龍光射牛斗之墟人傑地靈徐孺下陳蕃之塌雄州霧列俊彩星馳臺隍枕夷夏之交賓主盡東南之美都督閻公之雅望棨戟遥臨宇文新州之懿範襜帷暫駐十旬休暇勝友如雲千里逢迎高朋滿座騰蛟起鳳孟學士之詞宗紫電青霜王將軍之武庫家君作宰路出名區童子何知躬逢勝餞時維九月序屬三秋潦水盡而寒潭清烟光凝而暮山紫儼驂騑於上路訪風景於崇阿臨帝子之長洲得仙人之舊館層巒聳翠上出重霄飛閣流丹下臨無地鶴汀鳧渚窮島嶼之縈迴桂殿蘭宮列岡巒之體勢披繡闥俯雕甍山原曠其盈視川澤盱其駭矚閭閻撲地鐘鳴鼎食之家舸艦迷津青雀黃龍之舳虹消雨霽彩徹雲衢落霞與孤鶩齊飛秋水共長天一色漁舟唱晚響窮彭蠡之濱雁陣驚寒聲斷衡陽之浦遥吟俯唱逸興遄飛爽籟發而清風生纖歌凝而白雲遏睢園綠竹氣淩彭澤之樽鄴水朱華光照臨川之筆四美具二難并窮睇眄於中天極娛遊於暇日天高地迥覺宇宙之無窮興盡悲來識盈虛之有數望長安於日下指吳會於雲間地勢極而南溟深天柱高而北辰遠關山難越誰悲失路之人萍水相逢盡是他鄉之客懷帝閽而不見奉宣室以何年嗚呼時運不齊命途多舛馮唐易老李廣難封屈賈誼於長沙非無聖主竄梁鴻於海曲豈乏明時所賴君子安貧達人知命老當益壯寧知白首之心窮且益堅不墜青雲之志酌貪泉而覺爽處涸轍以猶懽北海雖賒扶摇可接東隅已逝桑榆非晚孟嘗高潔空懷報國之心阮籍猖狂豈効窮途之哭勃三尺微命一介書生無路請纓等終軍之弱冠有懷投筆慕宗慤之長風舍簪笏於百齡奉晨昏於萬里非謝家之寶樹接孟氏之芳鄰他日趨庭叨陪鯉對今晨捧袂喜託龍門楊意不逢撫淩雲而自惜鍾期既遇奏流水以何慚嗚呼勝地不常盛筵難再蘭亭已矣梓澤邱墟臨別贈言幸承恩於偉餞登高作賦是所望於羣公敢竭鄙誠恭疏短引一言均賦四韻俱成滕王高閣臨江渚佩玉鳴鸞罷歌舞畫棟朝飛南浦雲朱簾暮捲西山雨閒雲潭影日悠悠物換星移幾度秋閣帝子今何在檻外長江空自流

嘉慶丁巳五月　成親王

清成亲王永瑆楷书《滕王阁序》

原文

shí wéi jiǔ yuè xù shǔ sān qiū lǎo shuǐ jìn ér hán tán
时维九月[1]，序属三秋[2]。潦水尽而寒潭

qīng yān guāng níng ér mù shān zǐ yǎn cān fēi yú shàng lù
清[3]，烟光凝而暮山紫。俨骖骓于上路[4]，

fǎng fēng jǐng yú chóng ē lín dì zǐ zhī cháng zhōu dé xiān rén
访风景于崇阿[5]。临帝子之长洲[6]，得仙人

zhī jiù guǎn céng luán sǒng cuì shàng chū chóng xiāo fēi gé liú dān
之旧馆。层峦耸翠，上出重霄；飞阁流丹[7]，

xià lín wú dì hè tīng fú zhǔ qióng dǎo yǔ zhī yíng huí guì
下临无地[8]。鹤汀凫渚[9]，穷岛屿之萦回[10]；桂

diàn lán gōng liè gāng luán zhī tǐ shì pī xiù tà fǔ diāo
殿兰宫[11]，列冈峦之体势。披绣闼[12]，俯雕

méng shān yuán kuàng qí yíng shì chuān zé xū qí hài zhǔ
甍[13]，山原旷其盈视[14]，川泽盱其骇瞩[15]。

lǘ yán pū dì zhōng míng dǐng shí zhī jiā gě jiàn mí jīn
闾阎扑地[16]，钟鸣鼎食之家[17]；舸舰迷津[18]，

qīng què huáng lóng zhī zhú hóng xiāo yǔ jì cǎi chè yún qú
青雀黄龙之轴[19]。虹销雨霁[20]，彩彻云衢[21]。

luò xiá yǔ gū wù qí fēi qiū shuǐ gòng
落霞与孤鹜齐飞[22]，秋水共

cháng tiān yí sè yú zhōu chàng wǎn
长天一色。渔舟唱晚，

xiǎng qióng péng lǐ zhī bīn yàn zhèn jīng
响穷彭蠡之滨[23]；雁阵惊

hán shēng duàn héng yáng zhī pǔ
寒，声断衡阳之浦[24]。

古代朱雀纹饰

注释

清吴石仙绘《落霞秋水图》

❶维：助词，乃，是。❷序：时序。三秋：古人称七、八、九月为孟秋、仲秋、季秋，这里指九月。❸潦水：雨后的积水。❹俨：整齐的样子。骖騑：驾车的马匹。上路：地势高的路。❺崇阿：高大的山陵。❻帝子：指滕王李元婴。长洲：滕王阁前江中的沙洲。❼飞阁：高阁如腾空飞起。流丹：泛出红光。❽下临无地：向下俯视，看不到地面。❾汀：水边平地。凫：野鸭。渚：水中小洲。❿萦回：盘旋回绕。⓫桂殿兰宫：用桂、兰等贵重木材修建的宫殿。⓬披：推开。绣闼：雕花纹的门。⓭雕甍：雕饰华美的屋脊。⓮盈视：全部映入眼帘。⓯盱：张大眼睛。骇瞩：对看到的景物感到吃惊。⓰闾阎：里巷的门，这里代指房屋。扑地：遍地。⓱钟鸣鼎食：古代贵族鸣钟列鼎而食，代指富贵人家。⓲舸舰：指大船。迷津：停满渡口。⓳青雀黄龙：指船身的青雀、黄龙图案。轴：通“舳”，船尾，代指船只。⓴霁：雨雪停止。㉑云衢：云中的道路，指天空。㉒鹜：野鸭子。㉓响穷：响彻。彭蠡：鄱阳湖的古名。㉔衡阳：今属湖南，境内有回雁峰，相传秋雁到此就不再南飞。浦：水边。

译文

时令在九月，节序值深秋。积水消尽，潭水清澈，天空凝结着淡淡的云烟，暮霭中山峦呈现出一片紫色。在高高的山路上驾着马车，在崇山峻岭中访求风景。来到昔日帝子的长洲，找到仙人居住过的宫殿。青翠的山峰重重叠叠，耸入云霄；凌空的楼阁，红光在水中荡漾，从阁上看不到地面。白鹤、野鸭栖息的小洲，岛屿纡曲回绕，没有尽头；华丽的宫殿，跟起伏的山峦配合有致。推开雕花的阁门，俯视彩饰的屋脊，山峰平原尽收眼底，河流沼泽看了令人惊讶。遍地是里巷宅舍，有许多钟鸣鼎食的富贵人家；船只停满渡口，尽是雕刻青雀黄龙花纹的大船。彩虹消散，雨过天晴，阳光照耀天空。落霞与野鸭一起飞翔，秋水和长天连成一片。傍晚渔舟传出的歌声，响彻彭蠡湖滨；雁群感到寒意而发出的惊叫，回荡在衡阳的水边。

明刻本《三才图会》中的彭蠡湖图

原文

yáo yín fǔ chàng yì xìng chuán fēi shuǎng lài fā ér qīng
遥吟俯畅，逸兴遄飞❶。爽籁发而清

fēng shēng xiān gē níng ér bái yún è suī yuán lù zhú qì
风生❷，纤歌凝而白云遏❸。睢园绿竹❹，气

líng péng zé zhī zūn
凌彭泽之樽[5]；

yè shuǐ zhū huá guāng
邺水朱华[6]，光

zhào lín chuān zhī bǐ
照临川之笔[7]。

sì měi jù èr nán
四美具[8]，二难

bìng qióng dì miàn yú
并[9]。穷睇眄于

zhōng tiān jí yú yóu
中天[10]，极娱游

yú xiá rì tiān gāo dì
于暇日[11]。天高地

jiǒng jué yǔ zhòu zhī
迥[12]，觉宇宙之

wú qióng xìng jìn bēi lái
无穷；兴尽悲来，

shí yíng xū zhī yǒu shù
识盈虚之有数[13]。

清袁江绘《梁园飞雪图》，梁园也叫睢园

wàng cháng ān yú rì xià zhǐ wú kuài yú yún jiān dì shì jí ér
望长安于日下，指吴会于云间[14]。地势极而

nán míng shēn tiān zhù gāo ér běi chén yuǎn guān shān nán yuè
南溟深[15]，天柱高而北辰远[16]。关山难越，

shuí bēi shī lù zhī rén píng shuǐ xiāng féng jìn shì tā xiāng zhī
谁悲失路之人[17]？萍水相逢[18]，尽是他乡之

kè huái dì hūn ér bú jiàn fèng xuān shì yǐ hé nián
客。怀帝阍而不见[19]，奉宣室以何年[20]？

注释

❶逸兴：超逸的兴致。遄：迅速。❷爽籁：参差不齐的排箫。❸凝：歌声缭绕回旋。遏：阻止。❹睢园：也叫梁园，汉梁孝王在睢水边修建苑园，常与文人在此饮酒赋诗。❺彭泽：县名，此代指陶渊明。陶渊明好饮酒，曾任彭泽县令。樽：酒杯。❻邺水：在邺下（今河北临漳）。邺下是曹魏兴起之地，曹氏父子在此常和文人聚会。朱华：荷花。❼临川：指南朝诗人谢灵运，曾任临川内史，故称。❽四美：指良辰、美景、赏心、乐事。具：齐备。❾二难：指贤主、嘉宾难得。并：皆有。❿睇眄：极目远眺。⓫娱游：娱乐游玩。⓬迥：远。⓭盈虚：指盛衰、成败等。数：定数。⓮吴会：吴郡和会稽郡，泛指江浙一带。⓯极：远处，尽头。南溟：南海。⓰天柱：传说昆仑山有铜柱，高耸入天，称天柱。北辰：北极星。⓱失路：仕途不得志。⓲萍水：偶然相遇。⓳帝阍：皇帝的宫门。⓴宣室：汉代未央宫的正殿。汉文帝曾在此召见贾谊，却不重用他。

南宋吴炳绘《出水芙蓉图》

清人绘《历代名臣像解》中的谢灵运画像

译文

远望吟诵，胸襟舒畅，豪情逸兴勃然而起。排箫的音响引来徐徐清风，柔缓的歌声吸引住飘动的白云。如同睢园竹林的聚会，酒量豪情超过彭泽令陶渊明；又好像邺水边赞咏莲花，文采胜过临川内史谢灵运。良辰、美景、赏心、乐事都已齐备，贤主、嘉宾也凑在一起。向长空极目远眺，假日里尽情欢娱。苍天高远，大地寥廓，令人感到宇宙的无穷无尽；欢乐逝去，悲哀袭来，我明白兴衰成败都是命中注定。西望长安，正是太阳落下的地方；东指吴会，仿佛缥缈在白云之间。地势倾斜，尽头是极深的南海；天柱高耸，北极星是那么遥远。关山难以逾越，有谁同情失意之人？萍水偶尔相逢，大家都是异乡之客。怀念君王的宫门，却不被召见，什么时候才能够被君王重用呢？

原文

wū hū shí yùn bù qí mìng tú duō chuǎn féng táng yì lǎo lǐ guǎng nán fēng qū jiǎ yì yú cháng shā fēi wú shèng zhǔ cuàn liáng hóng yú hǎi qū qǐ fá míng shí suǒ lài jūn

呜呼！时运不齐[1]，命途多舛[2]。冯唐易老[3]，李广难封[4]。屈贾谊于长沙[5]，非无圣主；窜梁鸿于海曲[6]，岂乏明时？所赖君

清彭旸绘《射石没镞》扇面，讲述李广出猎，误以为石头为老虎，将箭射入石中的故事

zǐ ān pín　dá rén zhī mìng　lǎo dāng yì zhuàng　nìng yí
子安贫❼，达人知命❽。老当益壮❾，宁移
bái shǒu zhī xīn　qióng qiě yì jiān　bú zhuì qīng yún zhī zhì
白首之心❿？穷且益坚⓫，不坠青云之志⓬。
zhuó tān quán ér jué shuǎng　chǔ hé zhé yǐ yóu huān　běi hǎi suī
酌贪泉而觉爽⓭，处涸辙以犹欢⓮。北海虽
shē　fú yáo kě jiē　dōng yú yǐ shì　sāng yú fēi wǎn　mèng
赊⓯，扶摇可接⓰；东隅已逝⓱，桑榆非晚⓲。孟
cháng gāo jié　kōng huái bào guó zhī xīn　ruǎn jí chāng kuáng
尝高洁⓳，空怀报国之心；阮籍猖狂⓴，
qǐ xiào qióng tú zhī kū
岂效穷途之哭！

注释

❶不齐：不同。❷舛：错乱，不顺利。❸冯唐：冯唐在汉文帝、汉景帝时不被重用，汉武帝时被举荐，已是九十多岁。❹李广：汉武帝时名将，多次与匈奴作战，军功卓著，却始终未获封爵。❺贾谊：西汉文学家，才高而不得重用，只做了长沙王太傅。❻梁鸿：东汉隐士，作《五噫歌》讽刺朝廷，受汉章帝猜忌，避居齐鲁、吴中。海曲：海滨僻远处。❼安贫：安于贫贱处境。❽达人：旷达之人。❾益：更加。❿宁：难道。白首：老年。⓫穷：境况困厄，不得志。⓬青云之志：比喻远大的志

清顾沅辑《古圣贤像传略》中的梁鸿画像

向。⑬贪泉：传说广州之北有贪泉，饮其水会贪得无厌。吴隐之任广州刺史，饮贪泉水，操守反而更加坚定。⑭涸辙：干涸的车辙，比喻处境困厄。事见《庄子·外物》。⑮赊：远。⑯扶摇：旋风。⑰东隅：东方日出之处，比喻年轻时光。⑱桑榆：日落处，比喻晚年。⑲孟尝：东汉人，字伯周，曾任合浦太守，以廉洁奉公著称，后因病隐居。桓帝时，虽有人屡次荐举，终不见用。⑳阮籍：晋代名士，不满现实，佯装狂放，常驾车出游，路不通时就痛哭而返。

译文

啊！人们时运不同，有人命运多坎坷。冯唐容易衰老，李广难得封侯。贾谊遭受委屈，贬于长沙，并非没有圣明君主；梁鸿逃匿海滨，难道不是在昌明时代？只不过由于君子安于贫贱，通达之人知道自己的命运罢了。年纪虽老，但志气应当更加旺盛，怎能在白头时改变心志？境遇虽苦，但节操应当更加坚定，决不抛弃凌云壮志。即使喝了贪泉之水，心境依然清爽无尘；即使身处干涸的车辙中，胸怀依然

清曾衍东绘《重登滕王阁图》

坦荡开朗。北海虽然遥远，乘着旋风还是能够达到；早晨虽已过去，而珍惜黄昏却也为时不晚。孟尝心地高洁，但空怀报国热情；阮籍放纵不羁，我们怎能学他那种穷途之哭！

唐孙位绘《高逸图》中的阮籍画像

原文

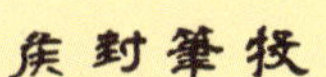

清马骀绘《历代名将画谱》中的《投笔封侯》图，讲述班超投笔从戎的故事

bó sān chǐ wēi mìng
勃，三尺微命[1]，

yí jiè shū shēng wú lù
一介书生[2]。无路

qǐng yīng děng zhōng jūn zhī
请缨[3]，等终军之

ruò guàn yǒu huái tóu bǐ
弱冠[4]；有怀投笔[5]，

mù zōng què zhī cháng fēng
慕宗悫之长风[6]。

shě zān hù yú bǎi líng fèng
舍簪笏于百龄[7]，奉

chén hūn yú wàn lǐ fēi xiè
晨昏于万里[8]。非谢

jiā zhī bǎo shù jiē mèng
家之宝树[9]，接孟

shì zhī fāng lín tā rì qū
氏之芳邻[10]。他日趋

tíng tāo péi lǐ duì jǐn chén pěng mèi xǐ tuō lóng
庭⑪，叨陪鲤对⑫；今晨捧袂⑬，喜托龙
mén yáng yì bù féng fǔ líng yún ér zì xī zhōng qī jì
门⑭。杨意不逢，抚凌云而自惜⑮；钟期既
yù zòu liú shuǐ yǐ hé cán
遇，奏流水以何惭⑯？

wū hū shèng dì bù cháng shèng yán nán zài lán tíng yǐ
呜呼！胜地不常，盛筵难再。兰亭已
yǐ zǐ zé qiū xū lín bié zèng yán xìng chéng ēn yú wěi
矣⑰，梓泽丘墟⑱。临别赠言，幸承恩于伟
jiàn dēng gāo zuò fù shì suǒ wàng yú qún gōng gǎn jié bǐ chéng
饯；登高作赋，是所望于群公。敢竭鄙诚，
gōng shū duǎn yǐn yì yán jūn fù sì yùn jù chéng
恭疏短引⑲；一言均赋，四韵俱成⑳：

téng wáng gāo gé lín jiāng zhǔ pèi yù míng luán bà gē wǔ
滕王高阁临江渚，佩玉鸣鸾罢歌舞。
huà dòng zhāo fēi nán pǔ yún zhū lián mù juǎn xī shān yǔ xián yún
画栋朝飞南浦云，珠帘暮卷西山雨。闲云
tán yǐng rì yōu yōu wù huàn xīng yí jǐ dù qiū gé zhōng dì zǐ jīn
潭影日悠悠，物换星移几度秋。阁中帝子今
hé zài jiàn wài cháng jiāng kōng zì liú
何在？槛外长江空自流。

注释

❶三尺：衣带下垂的长度，三尺是当时士大夫中最低一级的长度。微命：身份卑微。❷一介：一个。❸请缨：请求杀敌报国。❹终军：西汉人，二十多岁时曾请缨去缚南越王。弱冠：二十岁。❺投笔：指弃文从武。东汉班超早年为官府抄写文书，一日投笔慨叹，说大丈夫应当“立功异域，以

清钱慧安绘《孟母三迁》图

取封侯”。❻宗悫：南朝宋人，少有抱负，曾有“乘长风破万里浪”之语。后因战功受封。❼簪笏：冠簪和手板，借指官职。百龄：百年，一生。❽晨昏：早晨向父母请安，晚间为父母铺床。❾谢家之宝树：东晋谢安曾称赞侄子谢玄为“吾家之宝树”。❿孟氏之芳邻：孟轲的母亲为教育儿子而三迁择邻，最后定居学宫附近。⓫趋庭：快步走过庭院，接受父亲教诲。⓬叨：惭愧，表示自谦。鲤对：回答长辈的教诲。⓭捧袂：捧着衣袖，形容恭敬的样子。⓮龙门：比喻人德高望重。⓯杨意：即杨得意，曾向汉武帝推荐司马相如。凌云：指司马相如的《大人赋》，据说武帝读后有飘飘然凌云之气。⓰钟期：即钟子期，琴师俞伯牙曾把他当作知音。何惭：有什么惭愧。⓱兰亭：在会稽山阴县（今浙江绍兴），东晋王羲之等曾在此宴集修禊。⓲梓泽：西晋石崇所建金谷园的别称，故址在今河南洛阳。丘墟：变为废墟。⓳疏：条陈，撰写。引：引言，指这篇序。⓴四韵：八句四韵诗，指王勃的《滕王阁诗》。

元王振鹏绘《伯牙鼓琴图》

译文

我地位卑微，只是一个书生。我无处去请缨杀敌，虽然和终军一样年已二十；我也有投笔从戎之志，羡慕宗悫“乘长风破万里浪”的气概。如今宁愿舍弃一生功名，不远万里去侍奉父亲。虽然称不上谢玄那样的美好子弟，却幸而接触孟氏所追求的芳邻嘉宾。不久我将见到父亲，聆听他的教诲；今天我恭敬地奉陪各位，高兴地登上龙门。假如碰不上杨得意那样的举荐之人，只能看着文章而叹惜；既然已经遇到钟子期，弹奏一曲《流水》又有什么羞愧呢？

清华喦绘《金谷园图》，描绘西晋石崇金谷园的奢华生活

啊！名胜之地不能常存，盛大宴会难以再逢。兰亭宴集已为陈迹，金谷园也变成废墟。侥幸承蒙宴会的恩赐，临别时写下此序；至于登高作赋，只有指望在座诸公。冒昧地献上我的诚意，恭敬地写下短短的引言；诸位都按各自分到的韵字赋诗，我已写成四韵八句：

元夏永绘《滕王阁图》

高高的滕王阁耸立在大江之畔，玉佩琳琅，鸾车鸣响，宴罢客散。雕梁画栋早晨飞过南浦的云霞，朱红帘幕傍晚卷入西山的雨雾。天上的闲云倒影水中，日日悠然自在，景物变幻斗转星移，度过几个春秋。阁中的滕王如今在哪里？只有槛外的江水空自东流。

chūn yè yàn táo lǐ yuán xù
春夜宴桃李园序

李　白

导读

李白（701～762），唐代诗人。字太白，号青莲居士。祖籍陇西成纪（今甘肃静宁西南），幼时随父迁居绵州昌隆（今四川江油）。诗风雄奇豪放，想象丰富，语言流转自然，音律和谐多变，富有个性特色和浪漫精神，达到盛唐诗歌艺术的巅峰，被称作“诗仙”。与杜甫齐名，世称“李杜”。文章也独具一格，清新峻拔，流畅自如。

本文生动记述李白与众兄弟在春夜聚会，饮酒赋诗的情景，抒发了热爱自然、热爱生活的豪情雅兴，也流露出“浮生若梦，为欢几何”的伤感情绪。虽是骈体文，却风格清新，一洗浮靡，文字流畅，潇洒自如。

清殿藏本李白画像

原文

fú tiān dì zhě　wàn wù zhī nì lǚ　guāng yīn zhě　bǎi dài
夫天地者，万物之逆旅❶；光阴者，百代

zhī guò kè　ér fú shēng ruò mèng　wéi huān jǐ hé　gǔ rén
之过客❷。而浮生若梦❸，为欢几何？古人

bǐng zhú yè yóu　liáng yǒu yǐ yě　kuàng yáng chūn zhào wǒ yǐ yān
秉烛夜游❹，良有以也❺！况阳春召我以烟

清汪圻绘《春夜宴桃李园图》

jǐng dà kuài jiè wǒ yǐ wén
景[6]，大块假我以文

zhāng huì táo lǐ zhī fāng
章[7]。会桃李之芳

yuán xù tiān lún zhī lè shì
园，序天伦之乐事[8]。

qún jì jùn xiù jiē wéi huì
群季俊秀[9]，皆为惠

lián wú rén yǒng gē dú
连[10]；吾人咏歌，独

cán kāng lè yōu shǎng wèi
惭康乐[11]。幽赏未

yǐ gāo tán zhuǎn qīng
已[12]，高谈转清[13]。

kāi qióng yán yǐ zuò huā fēi
开琼筵以坐花[14]，飞

yǔ shāng ér zuì yuè bù yǒu
羽觞而醉月[15]。不有

jiā zuò hé shēn yǎ huái rú shī bù chéng fá yī jīn gǔ jiǔ shù
佳作，何伸雅怀[16]？如诗不成，罚依金谷酒数[17]。

注释

❶逆旅：旅舍。❷过客：过往的客人。❸浮生：漂浮无定的人生。❹秉烛夜游：指人生短暂，应及时行乐。❺良：确实。以：原因。❻烟景：春天烟雾朦胧的秀丽景色。❼大块：天地，大自然。文章：大自然中美好的形象声色。❽序：通“叙”，叙说。天伦：指父子、兄弟等亲属关系。❾群季：诸弟。古人以伯、仲、叔、季排列长幼之序，故以季代称弟。❿惠连：南朝文学家谢惠连，诗人谢灵运族弟，十岁能作诗文。这里以惠连来称赞诸弟的文才。⓫康乐：南朝宋诗人谢灵运，袭封康乐公，世称谢康乐。⓬幽赏：对幽美

景色的欣赏。⑬清：清雅。⑭琼筵：华美的宴席。⑮飞羽觞：比喻杯盏交错，开怀痛饮。羽觞，古代一种双耳酒杯。⑯伸：抒发。⑰金谷：西晋石崇筑园于金谷涧(在今河南洛阳西北)，世称金谷园。常在园中设宴赋诗，不能者，罚酒三斗。

明刻《历代帝贤像》中的谢灵运画像

译文

天地是万物的旅舍，时光是百代的过客。漂浮无定的人生如同梦幻，欢乐的日子能有多少呢？古人点燃蜡烛在夜间游乐，确实有他们的道理啊！何况温暖和煦的春天用如烟美景召唤我们，大自然把各种美妙声色提供给我们。相聚在桃李芬芳的花园里，畅谈兄弟间的快乐往事。诸位弟弟英俊优秀，个个好像谢惠连；而我作诗吟咏，却自愧不如谢灵运。对幽美景色的欣赏还未完了，高谈阔论又转向清雅。摆开豪华筵席，坐在花丛中间，酒杯频传，醉倒在月光之下。没有好的诗篇，怎能抒发高雅情怀？如果赋诗不成，就按金谷雅集之数罚酒。

近代沈燧绘《春夜宴桃李园图》

lòu shì míng

陋室铭

刘禹锡

刘禹锡（772～842），唐代文学家、哲学家。字梦得，洛阳（今属河南）人。和柳宗元交谊很深，人称“刘柳”；晚年与白居易唱和甚多，并称“刘白”。其诗雅健清新，善用寄托比兴手法，《竹枝词》等组诗富有民歌特色，为唐诗中别开生面之作。为文长于说理。重要哲学著作为《天论》三篇。

本文借描述简陋居室的生活，抒发内心情怀，刻画了一个坦荡乐观，孤芳自赏，不屑与世俗同流合污的文人形象。虽文字简约，却意味隽永。

清人绘《历代名臣像解》中的刘禹锡画像

shān bú zài gāo yǒu xiān zé míng shuǐ bú zài shēn yǒu
山不在高，有仙则名。水不在深，有

lóng zé líng sī shì lòu shì wéi wú dé xīn tái hén
龙则灵❶。斯是陋室❷，惟吾德馨❸。苔痕

元赵孟頫行书《陋室铭》

清人绘《历代名臣像解》中的诸葛亮画像

shàng jiē lǜ　cǎo sè rù lián qīng
上阶绿，草色入帘青。

tán xiào yǒu hóng rú　wǎng lái wú
谈笑有鸿儒❹，往来无

bái dīng　kě yǐ tiáo sù qín
白丁❺。可以调素琴❻，

yuè jīn jīng　wú sī zhú zhī luàn
阅金经❼。无丝竹之乱

ěr　wú àn dú zhī láo xíng
耳❽，无案牍之劳形❾。

nán yáng zhū gě lú　xī shǔ zǐ
南阳诸葛庐❿，西蜀子

yún tíng　kǒng zǐ yún　hé lòu zhī yǒu
云亭⓫。孔子云："何陋之有⓬？"

注释

❶灵：灵验，神奇。❷斯：此，这。❸馨：芳香。这里指品德高尚。❹鸿儒：学识渊博的学者。❺白丁：贫民百姓，这里指没学问的人。❻素琴：没有豪华装饰的琴。❼金经：用泥金书写的佛经。❽丝竹：弦乐器和管乐器，这里指乐器发出的声音。❾案牍：官府的文书。劳形：使身体劳累。❿诸葛庐：三国蜀相诸葛亮，曾隐居南阳隆中（今湖北襄阳西）的茅庐中。⓫子云亭：西汉辞赋家扬雄，字子云，西蜀（今四川成都）人，在居宅写成《太玄》。后称所居为"扬子宅"，子云亭，即此宅。⓬何陋之有：语出《论语·子罕》："君子居之，何陋之有？"

清殿藏本扬雄画像

译文

山不在于高，有神仙居住就著名。水不在于深，有蛟龙潜藏就显示神灵。这小屋虽然简陋，但我却有高尚的品德。碧绿的苔痕布满台阶，青青的草色映入门帘。到这里谈笑的都是博学之人，往来的朋友没有不识字的白丁。既可以弹奏不加装饰的古琴，又可以阅读金字书写的佛经。没有管弦乐曲扰乱心境，没有官府公文烦心劳形。如同南阳的诸葛庐，又像西蜀的子云亭。孔子说：“有什么简陋的呢？”

清黄应谌绘《陋室铭图》

ē pánggōng fù

阿房宫赋

杜　牧

导读

清人绘杜牧画像

杜牧（803~853），唐代文学家。字牧之，京兆万年（今陕西西安）人。有感于藩镇跋扈和吐蕃、回纥的攻掠，诗文中多讽喻时政之作。小诗写景抒情，多清俊生动。其诗在晚唐成就颇高，后人称杜甫为“老杜”，称杜牧为“小杜”。和李商隐齐名，并称“小李杜”。文章也很出色，《阿房宫赋》颇有名。

该赋以铺叙、夸张的手法描写阿房宫的华丽建筑，以丰富的想象、新颖的比喻、瑰丽的语言描绘出一幅宏伟画卷。假借秦事以讽当朝，告诫统治者：贪图享乐，剥削过度，就会重蹈秦朝覆辙。文章虚实结合，华而不浮，寓意深刻；同时韵律鲜明，辞采瑰丽，读后令人荡气回肠。

原文

liù wáng bì　sì hǎi yī　shǔ shān wù　ē páng
六王毕[1]，四海一[2]，蜀山兀[3]，阿房

chū　fù yā sān bǎi yú lǐ　gé lí tiān rì　lí shān běi
出[4]。覆压三百余里[5]，隔离天日[6]。骊山北

gòu ér xī zhé　zhí zǒu xián yáng　èr chuān róng róng　liú
构而西折[7]，直走咸阳。二川溶溶[8]，流

清袁江绘《骊山避暑图》

rù gōng qiáng wǔ bù yì
入宫墙。五步一
lóu shí bù yì gé
楼，十步一阁；
láng yāo màn huí yán
廊腰缦回[9]，檐
yá gāo zhuó gè bào
牙高啄[10]；各抱
dì shì gōu xīn dòu
地势[11]，钩心斗
jiǎo pán pán yān
角[12]。盘盘焉，
qūn qūn yān fēng fáng
囷囷焉[13]，蜂房
shuǐ wō chù bù zhī
水涡[14]，矗不知
qí jǐ qiān wàn luò
其几千万落[15]。
cháng qiáo wò bō wèi
长桥卧波，未
yún hé lóng fù dào xíng kōng bú jì hé hóng gāo dī míng
云何龙？复道行空[16]，不霁何虹[17]？高低冥
mí bù zhī xī dōng gē tái nuǎn xiǎng chūn guāng róng róng
迷[18]，不知西东。歌台暖响，春光融融；
wǔ diàn lěng xiù fēng yǔ qī qī yí rì zhī nèi yì gōng zhī
舞殿冷袖，风雨凄凄。一日之内，一宫之
jiān ér qì hòu bù qí
间，而气候不齐[19]。

注释

明刻本《三才图会》中的骊山图

❶六王：齐、楚、燕、韩、赵、魏六国国君。毕：结束。❷四海：天下。一：统一。❸兀：山顶平秃，树木砍光。❹阿房：阿房宫，遗址在今陕西西安西阿房村。出：建成。❺覆压：覆盖。❻隔离天日：遮蔽了天日，形容宫殿楼阁之大。❼骊山：在今陕西临潼东南。北构：从北面建造。❽二川：指渭水和樊川。溶溶：河水流动的样子。❾廊腰缦回：走廊曲折回环。❿檐牙：屋檐突起，如同牙齿。⓫各抱地势：各依地势高低而建。⓬钩心斗角：指宫室结构参差错落，精巧工致。⓭囷囷：曲折回旋的样子。⓮蜂房水涡：宫室稠密如蜂房，回旋如漩涡。⓯矗：矗立。落：所，座。⓰复道：楼阁之间架木筑成的通道。⓱霁：雨过天晴。⓲冥迷：迷茫不清。⓳不齐：不同。

元刊本《秦并六国平话》之《始皇出诏并六国》，描绘秦始皇下诏灭六国的场景

译文

宋佚名绘《长桥卧波图》

六国覆灭，天下统一。蜀地山林被砍光，阿房宫得以建成。它覆盖三百多里，遮蔽了天日。从骊山开始向北建筑，曲折地向西延伸，一直通向咸阳。渭水和樊川缓缓流动，一直流入宫墙。五步一楼，十步一阁；连接楼阁的走廊曲折回环，伸向青天的檐牙像鸟嘴飞啄；楼阁各依地势高低而建，参差环抱，房心钩连，檐牙如飞龙斗角。盘结交错，曲折回旋，像蜂房那样密集，如水涡那样套连，高高耸立着，不知有几千万座。长桥横卧在水波上，没有云彩哪里会有飞龙？楼间通道架在半空中，不是雨过天晴怎会出现彩虹？高高低低，幽深迷离，叫人辨不清东西。台上歌声温柔，使人觉得如春天般温暖；殿中舞袖飘拂，让人感到风雨交加一片寒意。一天之内，一宫之中，气候变化竟如此不同。

fēi pín yìng qiáng　wáng zǐ huáng sūn　cí lóu xià diàn

妃嫔媵嫱[1]，王子皇孙[2]，辞楼下殿，

niǎn lái yú qín　zhāo gē yè xián　wéi qín gōng rén　míng xīng yíng

辇来于秦[3]。朝歌夜弦，为秦宫人。明星荧

yíng kāi zhuāng jìng yě lǜ yún rǎo rǎo shū xiǎo huán yě
荧，开妆镜也[4]；绿云扰扰，梳晓鬟也[5]；

wèi liú zhǎng nì qì zhī shuǐ yě yān xié wù héng fén jiāo lán
渭流涨腻[6]，弃脂水也[7]；烟斜雾横，焚椒兰

yě léi tíng zhà jīng gōng chē guò yě lù lù yuǎn tīng yǎo
也[8]；雷霆乍惊，宫车过也；辘辘远听[9]，杳

bù zhī qí suǒ zhī yě yì jī yì róng jìn tài jí yán màn lì
不知其所之也[10]。一肌一容，尽态极妍[11]；缦立

yuǎn shì ér wàng xìng yān yǒu bù dé jiàn zhě sān shí liù nián
远视[12]，而望幸焉[13]。有不得见者三十六年[14]。

yān zhào zhī shōucáng hán wèi zhī jīngyíng qí chǔ zhī jīng
燕、赵之收藏[15]，韩、魏之经营，齐、楚之精

yīng jǐ shì jǐ nián qǔ lüè qí rén yǐ dié rú shān yí
英，几世几年，取掠其人[16]，倚叠如山[17]。一

dàn bù néng yǒu
旦不能有，

shū lái qí jiān dǐng
输来其间。鼎

chēng yù shí jīn
铛玉石[18]，金

kuài zhū lì qì
块珠砾[19]，弃

zhì lǐ yǐ qín
掷逦迤[20]，秦

rén shì zhī yì bù
人视之，亦不

shèn xī
甚惜。

明佚名绘《阿房宫图》

注释

❶妃嫔媵嫱：指六国的嫔妃宫人。嫔、嫱是宫中女官，媵是陪嫁女子。❷王子皇孙：指六国国君子女。❸辇：帝王、皇后坐的车，此处用作动词，乘车。❹妆镜：梳妆用的镜子。❺鬟：古代妇女梳的环形发结。❻涨腻：增添一层脂膏。❼脂水：含有胭脂香粉的洗脸水。❽椒兰：两种香料植物，焚烧以熏衣物。❾辘辘：车轮滚动声。❿杳：没有踪影。⓫妍：美丽。⓬缦立：长时间站立。⓭望幸：盼望天子来临，得到宠幸。⓮三十六年：秦始皇在位共三十六年。这里形容阿房宫很大，有三十六年都没有见到皇帝的宫女。⓯收藏：与下文的“经营”、“精英”均指金玉珍宝。⓰取掠：抢夺取来。⓱倚叠：堆积。⓲鼎铛玉石：把宝鼎当作铁锅，把美玉看成石头。⓳金块珠砾：把黄金当作土块，把珍珠看成砂砾。⓴逦迤：连续不断。

战国秦武士斗兽纹铜镜

清秀琳女史绘《阿房宫图》

译文

六国的嫔妃宫人、王子皇孙，辞别故国的楼阁宫殿，乘坐辇车来到秦国。他们早上歌唱，晚上弹琴，成为秦国的宫人。明亮的星星闪烁，是她们打开梳妆的明镜；乌青的云朵纷扰，是她们清晨梳理的发髻；渭水泛起一层油腻，是她们倾倒的脂粉水；空气中烟雾缭绕，是她们焚烧的椒兰；雷霆般的响声骤起，是宫车驶过这里；辘辘的车声渐听渐远，不知它驶向何方。每一处肌肤，每一种姿容，都妩媚娇艳；久久伫立遥望远方，盼望皇帝光临宠幸。有的宫女竟三十六年没有见过皇帝。燕国、赵国收藏的金玉，韩国、魏国聚敛的财宝，齐国、楚国保存的奇珍，是多少代、多少年从百姓那里掠夺来，堆积得像山一样。一旦国家灭亡，不能继续占有，便运到阿房宫中。宝鼎被当作铁锅，美玉被看成顽石，黄金被当作土块，珍珠被看成沙砾，丢弃的到处都是，秦国人看了，也不觉得可惜。

原文

jiē hū yì rén zhī xīn
嗟乎！一人之心，
qiān wàn rén zhī xīn yě qín ài fēn
千万人之心也。秦爱纷
shē rén yì niàn qí jiā nài hé
奢[1]，人亦念其家。奈何
qǔ zhī jìn zī zhū yòng zhī rú ní
取之尽锱铢[2]，用之如泥
shā shǐ fù dòng zhī zhù duō
沙？使负栋之柱[3]，多
yú nán mǔ zhī nóng fū jià liáng
于南亩之农夫[4]；架梁

明刻本《三才图会》中的秦始皇画像

zhī chuán duō yú jī shàng zhī gōng nǚ dīng tóu lín lín duō
之椽[5]，多于机上之工女；钉头磷磷[6]，多
yú zài yǔ zhī sù lì wǎ fèng cēn cī duō yú zhōu shēn zhī bó
于在庾之粟粒[7]；瓦缝参差，多于周身之帛

lǚ zhí lán héng jiàn duō yú jiǔ tǔ zhī chéng guō guǎn xián ōu
缕；直栏横槛，多于九土之城郭[8]；管弦呕
yā duō yú shì rén zhī yán yǔ shǐ tiān xià zhī rén bù gǎn yán
哑[9]，多于市人之言语。使天下之人，不敢言
ér gǎn nù dú fū zhī xīn rì yì jiāo gù shù zú jiào
而敢怒。独夫之心[10]，日益骄固[11]。戍卒叫[12]，
hán gǔ jǔ chǔ rén yí jù kě lián jiāo tǔ
函谷举[13]，楚人一炬[14]，可怜焦土！

wū hū miè liù guó zhě liù guó yě fēi qín yě zú qín
呜呼！灭六国者，六国也，非秦也；族秦
zhě qín yě fēi tiān xià yě jiē fú shǐ liù guó gè ài qí
者[15]，秦也，非天下也。嗟夫！使六国各爱其
rén zé zú yǐ jù qín qín fù ài liù guó zhī rén zé dì sān shì
人，则足以拒秦；秦复爱六国之人，则递三世
kě zhì wàn shì ér wéi jūn shuí dé ér zú miè yě qín rén bù xiá
可至万世而为君[16]，谁得而族灭也？秦人不暇
zì āi ér hòu rén āi zhī hòu rén āi zhī ér bú jiàn zhī yì
自哀，而后人哀之；后人哀之而不鉴之[17]，亦
shǐ hòu rén ér fù āi hòu rén yě
使后人而复哀后人也[18]。

注释

❶纷奢：繁华奢侈。❷锱铢：古代重量单位，六铢为一锱，一铢约等于后来的二十四分之一两。锱、铢连用，比喻细微之量。❸负栋：承载屋栋。❹南亩：泛指田亩。❺椽：放在梁上支架屋面和瓦片的木条。❻磷磷：水中石头突立的样子，这里形容突出的钉头。❼庾：露天的谷仓。❽九土：九州，指广大国土。❾呕哑：乐器声。❿独夫：众叛亲离的帝王，这里指秦始皇。⓫骄固：骄傲顽固。⓬戍卒叫：指陈胜、吴广起义。⓭函谷举：公元

前207年刘邦从武关入咸阳，占领函谷关。⑭楚人一炬：公元前206年项羽入咸阳，焚烧秦国宫殿，大火三月不灭。⑮族：灭族。⑯递三世可至万世：秦始皇统一六国后，下诏曰：“朕为始皇帝，后世以计数，二世、三世至千万世，传之无穷。”⑰鉴：借鉴，引以为戒。⑱后人而复哀后人：前一个“后人”指唐代以后的人，后一个“后人”指唐代统治者。

清金谷良绘《无双谱》中的项羽画像

译文

可叹呀！一个人的意愿，也就是千万人的意愿。秦始皇喜欢繁华奢侈，百姓也顾念自己的家。为什么掠夺时连一丝一毫都不放过，挥霍起来却像泥沙一样呢？致使承载栋梁的柱子，比地里耕田的农夫还多；架在屋梁上的椽子，比织机上的女工还多；密密麻麻的钉头，比粮仓里的谷粒还多；参差不齐的瓦缝，比身上穿的丝缕还多；各种或直或横的栏杆，比九州的城郭还多；管弦的嘈杂声，比市民的言语还多。使得天下人嘴里不敢说，心里却

宋佚名绘《阿房宫图》

充满愤怒。暴君秦始皇的心，竟一天比一天骄傲顽固。戍边的陈涉、吴广振臂一呼，刘邦一举攻破函谷关，项羽放一把火，可惜华丽的宫殿化为一片焦土。

唉！灭亡六国的是六国自己，而不是秦国；灭亡秦朝的是秦朝自己，而不是天下的人。可叹呀！如果六国国君能各自爱护自己的百姓，就足以抵抗秦国；秦始皇如果也能爱护六国百姓，就可以传到三世以至万世做皇帝，谁又能灭亡秦朝呢？秦人来不及为自己的灭亡哀叹，却使后代人为他们哀叹；如果后代人为他们哀叹而不引以为戒，那就会让更后的人又来哀叹他们了。

清袁江绘《阿房宫图》

mǎ shuō

马说

韩 愈

导读

韩愈（768～824），唐代文学家、哲学家。字退之，河南河阳（今河南孟州）人。政治上反对藩镇割据，思想上尊儒排佛。反对六朝以来的骈偶文风，提倡散体，与柳宗元同为古文运动的倡导者，并称“韩柳”。散文气势雄健，被列为唐宋八大家之首。其诗风奇崛雄伟，力求新颖，对宋诗影响颇大。诗与孟郊齐名，并称“韩孟”。

本文以千里马不遇伯乐来比喻才能之士怀才不遇，抨击掌权者不识人才和摧残人才，为受屈的人才鸣不平。它启示人们：人才到处都有，关键在于识别，并给予较好条件，才能发挥他们的作用。文章虽短，却层层深入，气势刚劲，笔锋犀利，是脍炙人口的名篇。

清殿藏本韩愈画像

shì yǒu bó lè rán hòu yǒu qiān lǐ mǎ qiān lǐ mǎ cháng
世有伯乐[1]，然后有千里马[2]。千里马常
yǒu ér bó lè bù cháng yǒu gù suī yǒu míng mǎ zhǐ rǔ yú nú lì
有，而伯乐不常有。故虽有名马，只辱于奴隶
rén zhī shǒu pián sǐ yú cáo lì zhī jiān bù yǐ qiān lǐ chēng yě
人之手[3]，骈死于槽枥之间[4]，不以千里称也。

mǎ zhī qiān lǐ zhě　yì shí huò jìn sù yí dàn　sì mǎ zhě
马之千里者，一食或尽粟一石[5]。食马者

bù zhī qí néng qiān lǐ ér sì yě　shì mǎ yě　suī yǒu qiān lǐ zhī
不知其能千里而食也[6]。是马也，虽有千里之

néng　shí bù bǎo　lì bù zú　cái měi bú wài xiàn　qiě yù yǔ
能，食不饱，力不足，才美不外见[7]，且欲与

cháng mǎ děng bù kě dé　ān qiú qí néng qiān lǐ yě　cè zhī bù
常马等不可得[8]，安求其能千里也？策之不

yǐ qí dào　sì zhī bù néng jìn qí cái　míng zhī ér bù néng tōng
以其道[9]，食之不能尽其材[10]，鸣之而不能通

qí yì　zhí
其意[11]，执

cè ér lín zhī
策而临之[12]，

yuē　tiān xià
曰：“天下

wú mǎ　wū
无马！”呜

hū　qí zhēn wú
呼！其真无

mǎ yé　qí zhēn
马邪？其真

bù zhī mǎ yě
不知马也！

清吴友如绘《古今人物图》中的《伯乐相马》图

注释

❶伯乐：孙阳，春秋时秦人，擅长相马。❷千里马：原指善跑的骏马，可以日行千里。现常用来比喻人才。❸辱：受屈辱。奴隶人：指喂马的人。

清马骀绘《古今人物画谱》之《伯乐相马》，描绘伯乐发现千里马的场景

④骈死：并列而死。槽：喂牲口用的食器。枥：马厩。⑤一食：吃一顿。石：容量单位，十斗为一石，一石约等于一百二十斤。⑥食：通“饲”，喂养。⑦外见：显现出来。见：通“现”，呈现。⑧等：等同，一样。⑨策：马鞭，这里用作动词，鞭策，驾驭。道：正确的方法。⑩尽其材：充分发挥它的才能。材：通“才”，才能。⑪鸣：马嘶鸣。通：明白。⑫临：面对。

清郎世宁绘《御马图》之一

译文

世上有了伯乐，然后才会有千里马。千里马常有，可是伯乐却不常有。因此，即使有出色的马，也只是辱没在仆役马夫之手，和普通的马一同死在马厩和食槽之间，不能以日行千里而出名。

日行千里的马，一顿有时能吃完一石粮食。喂马的人不知道它能日行千里，而像普通马一样喂养它。这样的马，虽然有日行千里的才能，但吃不饱，力气不足，才能和特长不能表现出来。而且想要和普通的马一样都做不到，又怎么能要求它日行千里呢？不按照正确的方法驱使，喂养它又不能充分发挥它的才能，听它嘶鸣又不能明白它的意思，却拿着鞭子面对它，说：“天下没有好马！”唉！难道是真的没有千里马吗？恐怕是真的不认识千里马啊！

yuè yáng lóu jì
岳阳楼记

范仲淹

导读

范仲淹（989～1052），北宋政治家、文学家。字希文，苏州吴县（今江苏苏州）人。大中祥符进士，有敢言之名。庆历年间执行新政，因保守派反对而不能实现。工于诗词散文，所作文章富于政治内容，《岳阳楼记》为千古名篇。有《范文正公集》传世。

本文为作者“庆历新政”失败后贬居外地所作，通过对历史上那些“迁客骚人”只局限于个人狭窄圈子思想情感的批评，表达了自己“先天下之忧而忧，后天下之乐而乐”的心胸和抱负，是作者在贬居生活中仍坚持政治理想的自我鞭策，和对同道者的勉励和鼓舞。全文写景与议论相结合，语言简洁，形象生动，骈散结合，富有节奏感，在写景散文中别具一格。

清人绘《历代名臣像解》中的范仲淹画像

qìng lì sì nián chūn téng zǐ jīng zhé shǒu bā líng jùn
庆历四年春[1]，滕子京谪守巴陵郡[2]。
yuè míng nián zhèng tōng rén hé bǎi fèi jù xīng nǎi chóng xiū
越明年[3]，政通人和，百废俱兴，乃重修
yuè yáng lóu zēng qí jiù zhì kè táng xián jīn rén shī fù yú qí
岳阳楼，增其旧制[4]，刻唐贤、今人诗赋于其

shàng zhǔ yú zuò wén
上，属予作文

yǐ jì zhī
以记之[5]。

yú guān fú bā
予观夫巴

líng shèng zhuàng
陵胜状[6]，

zài dòngtíng yì hú
在洞庭一湖[7]。

xián yuǎn shān tūn
衔远山，吞

cháng jiāng hào hào
长江，浩浩

shāng shāng héng
汤汤[8]，横

wú jì yá zhāo huī
无际涯[9]；朝晖

xī yīn qì xiàng
夕阴[10]，气象

明蔡远绘《岳阳大观图》

wàn qiān cǐ zé yuè yáng lóu zhī dà guān yě qián rén zhī shù bèi
万千。此则岳阳楼之大观也，前人之述备

yǐ rán zé běi tōng wū xiá nán jí xiāo xiāng qiān kè sāo
矣[11]。然则北通巫峡[12]，南极潇湘[13]，迁客骚

rén duō huì yú cǐ lǎn wù zhī qíng dé wú yì hū
人[14]，多会于此，览物之情，得无异乎？

ruò fú yín yǔ fēi fēi lián yuè bù kāi yīn fēng nù háo
若夫淫雨霏霏[15]，连月不开[16]；阴风怒号，

zhuó làng pái kōng　rì xīng yǐn yào　shān yuè qián xíng　shāng lǚ bù
浊浪排空；日星隐曜[17]，山岳潜形[18]；商旅不
xíng　qiáng qīng jí cuī　bó mù míng míng　hǔ xiào yuán tí
行，樯倾楫摧[19]；薄暮冥冥[20]，虎啸猿啼。
dēng sī lóu yě　zé yǒu qù guó huái xiāng　yōu chán wèi jī
登斯楼也，则有去国怀乡[21]，忧谗畏讥[22]，
mǎn mù xiāo rán　gǎn jí ér bēi zhě yǐ
满目萧然[23]，感极而悲者矣。

注释

清殿藏本绘屈原画像

❶庆历四年：公元1044年。庆历，宋仁宗赵祯的年号。❷滕子京：名宗谅，字子京，范仲淹的朋友。谪：降职。巴陵郡：即岳州郡，治所在今湖南岳阳。❸越明年：到了第二年。❹增：扩建。旧制：原来的规模。❺属：通“嘱”，嘱托。❻胜状：美好的景色。❼洞庭：洞庭湖，在湖南北部。❽汤汤：水流大而急的样子。❾横无际涯：广阔无边。❿晖：日光。⓫备：详尽。⓬巫峡：长江三峡之一，在湖北巴东西。⓭潇湘：潇水和湘水，合流后流入洞

元张远绘《潇湘八景图》之一

庭湖。⑭迁客：降职外调的官吏。骚人：战国时屈原作《离骚》，因此后世称诗人为骚人。⑮淫雨：连绵不断的雨。霏霏：雨下得很大的样子。⑯不开：不放晴。⑰隐曜：隐藏光辉。⑱潜形：隐没形迹。⑲樯：船桅。楫：船桨。⑳薄暮冥冥：傍晚天色昏暗。薄，迫近。冥冥：昏暗的样子。㉑去国：离开京城。㉒忧谗：担心受到诽谤。㉓萧然：萧条的样子。

译文

庆历四年春天，滕子京被降职到巴陵郡做太守。到了第二年，政务推行顺利，百姓安居乐业，各种荒废的事业都兴办起来，于是重新修建岳阳楼，扩大它原来的规模，把唐代名家和今人诗赋刻在上面，并嘱托我写一篇文章来记述这件事。

我看巴陵郡的美好景色，全在这洞庭湖上。它口含远山，吞吐长江之水，浩浩荡荡，无边无际；早晨阳光照耀，傍晚暮色四合，气象千变万化。这就是岳阳楼的雄伟景观，前人的描述已经很详尽。它的北面通向巫峡，南面直到潇水和湘水，降职的官吏和来往的诗人，大多在这里聚会，他们观赏自然景物的感触大概会有所不同吧？

明袁尚统绘《洞庭风浪图》

当那连绵细雨纷纷落下，接连几个月不放晴；阴冷的风怒号，浑浊的浪冲向天空；太阳和星辰隐藏光辉，山岳隐没行迹；商人和旅客不能成行，船桅倾倒，船桨折断；傍晚天色昏暗，只听见虎在长啸，猿在悲啼。此刻登上这座楼，就会觉得离开京城，怀念家乡，担心遭人诽谤，害怕被人讥笑，满目萧条凄凉，不禁感慨万分而悲哀无限。

原文

zhì ruò chūn hé jǐng míng bō lán bù jīng shàng xià tiān
至若春和景明❶，波澜不惊；上下天

guāng yí bì wàn qǐng shā ōu xiáng jí jǐn lín yóu yǒng
光，一碧万顷；沙鸥翔集❷，锦鳞游泳❸；

àn zhǐ tīng lán yù yù qīng qīng ér huò cháng yān yì kōng
岸芷汀兰❹，郁郁青青❺。而或长烟一空，

hào yuè qiān lǐ fú guāng yào jīn jìng yǐng chén bì yú gē hù
皓月千里；浮光耀金，静影沉璧❻；渔歌互

dá cǐ lè hé jí dēng sī lóu yě zé yǒu xīn kuàng shén yí
答，此乐何极！登斯楼也，则有心旷神怡，

chǒng rǔ jiē wàng bǎ jiǔ lín fēng qí xǐ yáng yáng zhě yǐ
宠辱皆忘，把酒临风，其喜洋洋者矣。

jiē fú yú
嗟夫！予

cháng qiú gǔ rén rén
尝求古仁人

zhī xīn huò yì
之心❼，或异

èr zhě zhī wéi
二者之为❽，

hé zāi bù yǐ
何哉？不以

wù xǐ bù yǐ
物喜，不以

jǐ bēi jū miào
己悲。居庙

元夏永绘《岳阳楼图》

táng zhī gāo　zé yōu qí mín　chǔ jiāng hú zhī yuǎn　zé yōu qí
堂之高❾，则忧其民；处江湖之远❿，则忧其
jūn　shì jìn yì yōu　tuì yì yōu　rán zé hé shí ér lè yé　qí
君。是进亦忧，退亦忧，然则何时而乐耶？其
bì yuē　xiān tiān xià zhī yōu ér yōu　hòu tiān xià zhī lè ér lè
必曰“先天下之忧而忧⓫，后天下之乐而乐”
yú　yī　wēi sī rén　wú shuí yǔ guī
欤！噫！微斯人⓬，吾谁与归⓭？
shí liù nián jiǔ yuè shí wǔ rì
时六年九月十五日。

注释

❶春和景明：春风和煦，阳光明媚。❷翔集：时而飞翔，时而停歇。集，鸟停息在树上。❸锦鳞：五光十色的鱼。❹芷：香草名。汀：水中或水边平地。❺郁郁：形容香气很浓。❻沉璧：月影像沉入水中的璧玉。❼尝：曾经。求：探索。❽异：不同。为：这里指心理活动。❾庙堂：宗庙和殿堂。代指朝廷。❿江湖：代指民间。⓫先天下：在天下人之先。⓬微：如果没有。斯人：这样的人。⓭谁与归：就是“与谁归”。归：归向。

清龚贤绘《岳阳楼图》

到了春风和煦、阳光明媚的时节，湖面波平浪静；天光与湖色交相辉映，碧绿的湖水一望无际；沙洲上的鸥鸟时而飞翔，时而停歇，五光十色的鱼儿游来游去；岸上的芷草和水边的兰花，香气浓郁，颜色青青。有时满天烟雾顿时消散，皎洁的月光一泻千里；波浪闪耀着金光，静静的月影像沉在水底的玉璧；渔夫的歌声彼此唱和，这种乐趣真是无穷无尽！此时登上这座楼，就会感到心胸开阔，精神愉快，恩宠和耻辱全忘，迎风举起酒杯，真有无限的喜悦。

唉！我曾经探索过古时品德高尚之人的心态，或许与上述两种情况不同，这是为什么呢？是由于他们不因环境的顺心而欣喜，也不因个人的失意而悲伤。他们身居朝廷高位，就为百姓担忧；退隐偏远乡间，又替国君担忧。在朝廷做官也担忧，退隐民间也担忧，那么他们什么时候才会快乐呢？想必他们一定会说“忧在天下人之前，乐在天下人之后”吧！唉！如果没有这样的人，我还能和谁同道呢？

写于庆历六年九月十五日。

元朱德润（款）《岳阳楼观图》

zuì wēng tíng jì

醉翁亭记

欧阳修

导读

欧阳修（1007～1072），北宋文学家、史学家。字永叔，号醉翁、六一居士，吉州吉水（今属江西）人。天圣进士，官至翰林学士、枢密副使、参政知事。主张文章应“明道”、“致用”，是北宋古文运动的领袖。散文说理畅达，抒情委婉，为“唐宋八大家”之一。诗重气势，流畅自然；词风婉丽，承袭南唐余风。曾与宋祁合修《新唐书》，并独撰《新五代史》。

清人绘《历代名臣像解》中的欧阳修画像

本文是欧阳修被贬为滁州太守后写的一篇山水游记，以精炼、生动的语言，描绘自己与游客在醉翁亭开怀畅饮的欢快场景，以及亭外变化多姿的自然风光。但在优美景色中，却透着作者内心深处的抑郁之情。文章骈散结合，长短错落，字斟句酌，言简意赅，且通篇都是陈述句，形成一种别致的吟哦句调。

原文

huán chú jiē shān yě qí xī nán zhū fēng lín hè yóu
环滁皆山也[1]。其西南诸峰，林壑尤

měi wàng zhī wèi rán ér shēn xiù zhě láng yá yě shān xíng
美[2]，望之蔚然而深秀者[3]，琅琊也[4]。山行

liù qī lǐ jiàn wén shuǐ shēng chán chán ér xiè chū yú liǎng fēng
六七里，渐闻水声潺潺，而泻出于两峰

zhī jiān zhě niàng quán yě fēng huí lù zhuǎn yǒu tíng yì rán lín yú
之间者，酿泉也。峰回路转，有亭翼然临于

quán shàng zhě zuì wēng tíng yě
泉上者[5]，醉翁亭也。

zuò tíng zhě shuí shān zhī sēng zhì xiān
作亭者谁？山之僧智仙

yě míng zhī zhě shuí tài shǒu
也[6]。名之者谁？太守

zì wèi yě tài shǒu yǔ kè lái yǐn
自谓也。太守与客来饮

yú cǐ yǐn shǎo zhé zuì ér nián
于此，饮少辄醉，而年

yòu zuì gāo gù zì hào yuē zuì wēng
又最高，故自号曰醉翁

yě zuì wēng zhī yì bú zài jiǔ zài
也。醉翁之意不在酒，在

hū shān shuǐ zhī jiān yě shān shuǐ zhī
乎山水之间也。山水之

lè dé zhī xīn ér yù zhī jiǔ yě
乐，得之心而寓之酒也。

ruò fú rì chū ér lín fēi kāi
若夫日出而林霏开[7]，

yún guī ér yán xué míng huì míng
云归而岩穴暝[8]，晦明

biàn huà zhě shān jiān zhī zhāo mù
变化者[9]，山间之朝暮

yě yě fāng fā ér yōu xiāng jiā
也。野芳发而幽香[10]，佳

mù xiù ér fán yīn fēng shuāng gāo
木秀而繁阴[11]，风霜高

清徐铎绘《醉翁亭图》

jié shuǐ luò ér shí chū zhě shān jiān zhī sì shí yě zhāo ér wǎng
洁⑫，水落而石出者，山间之四时也。朝而往，

mù ér guī sì shí zhī jǐng bù tóng ér lè yì wú qióng yě
暮而归，四时之景不同，而乐亦无穷也。

注释

❶滁：滁州，治所在今安徽滁县。❷林壑：树林和山谷。❸蔚然：草木茂盛的样子。深秀：幽深秀丽。❹琅琊：琅琊山，在滁县西南十里，相传因东晋琅琊王司马睿避难于此而得名。❺翼然：像鸟儿张开翅膀。❻智仙：琅琊山琅琊寺的和尚。❼林霏：林间雾气。❽暝：昏暗。❾晦明：指天气阴晴明暗。❿野芳：野花。⓫繁阴：浓密的树荫。⓬风霜高洁：即风高霜洁，指天空高旷。

译文

滁州城的四周都是山。西南面的几座山峰，树林和山谷尤其秀美，远远望去，草木茂盛、幽深秀丽的地方，是琅琊山。沿着山路走六七里，渐渐听到潺潺的水声，从两座山峰之间倾泻而出的，是酿泉。山峰回环，道路盘旋，有座亭子像飞鸟展翅一般高踞泉水之上，是醉翁亭。修建亭子的人是谁？是山上的和尚智仙。给它取名的人是谁呢？是太守用自己的别号“醉翁”命名的。太守和宾客们来这里喝酒，稍微喝一点儿就醉了，而且年纪又最大，因此自号为“醉翁”。醉翁的意趣不在喝酒，而在欣赏山水美景。欣赏山水美景的乐趣，领会在心里，寄托在酒中。

太阳升起，林间雾气消散，烟云聚集，岩洞昏暗莫辨，阴暗晴朗交替变化，就是山间的清晨和傍晚。野花开放，散发出清幽的香气，树木繁茂，形成一片浓密的绿荫，天高气爽，霜色洁白，水位下落，山石显露，这是山间的四季变化。清晨出去，黄昏归来，四季的景色不同，其中的乐趣也无穷无尽。

醉翁亭記

環滁皆山也其西南諸峰林壑猶美望之蔚然而深秀者瑯琊也山行六七里漸聞水聲潺潺而瀉出於兩峰之間者釀泉也峰回路轉有亭翼然臨於泉上者醉翁亭也作亭者誰山之僧智仙也名之者誰太守自謂也太守與客來飲於此飲少輒醉而年又最高故自號曰醉翁也醉翁之意不在酒在乎山水之間也山水之樂得之心而寓之酒也若夫日出而林霏開雲歸而巖穴暝晦明變化者山間之朝暮也野芳發而幽香佳木秀而繁陰風霜高潔水落而石出者山間之四時也朝而往暮而歸四時之景不同而樂亦無窮也至於負者歌於塗行者休於樹前者呼後者應傴僂提攜往來而不絕者滁人遊也臨溪而漁溪深而魚肥釀泉為酒泉香而酒洌山肴野蔌雜然而前陳者太守宴也宴酣之樂非絲非竹射者中弈者勝觥籌交錯坐起諠譁者衆賓歡也蒼顏白髮頹乎其中者太守醉也已而夕陽在山人影散亂太守歸而賓客從也林樹陰翳鳴聲上下遊人去而禽鳥樂也然而禽鳥知山林之樂而不知人之樂人知從太守遊而樂而不知太守之樂其樂也醉能同其樂醒能述以文者太守也太守謂誰廬陵歐陽修也

余於梅韻堂展玩右軍黃庭經初刻見其筋骨肉三者俱備後人得其一遺其一即唐初諸公親覩右軍墨跡尚不能得何況今日至其冰姿玉質宛如飛天仙人又如臨波仙子雖久為規撫而杳不能至近余且屏居梅韻齋中案頭日置黃庭經一本展玩逾時倦則啜茗數杯否亦握卷引卧再日類然如是者數月而右軍運筆之法炙之愈出味之愈永幾為執筆擬之終日不成一字近秋初氣爽偶撿閱歐陽公文集愛其婉逸流媚狂傳歐陽公得昌黎遺稿于廢書簏中讀而心慕之苦心探賾至忘寢食遂以文章名冠天下予輒有動于中因倣右軍作小楷數百餘字聊以寄意故云如鳳凰臺之於黃鶴樓也

昔

嘉靖三十年辛亥七月二十四日長洲文徵明書於玉磬山房時年八十有二

明文徵明楷书《醉翁亭记》

原文

zhì yú fù zhě gē yú tú xíng
至于负者歌于途[1]，行
zhě xiū yú shù qián zhě hū hòu zhě
者休于树，前者呼，后者
yìng yǔ lǚ tí xié wǎng lái ér bù
应，伛偻提携[2]，往来而不
jué zhě chú rén yóu yě lín xī ér
绝者，滁人游也。临溪而
yú xī shēn ér yú féi niàng quán wéi
渔，溪深而鱼肥；酿泉为
jiǔ quán xiāng ér jiǔ liè shān yáo
酒，泉香而酒洌[3]；山肴
yě sù zá rán ér qián chén zhě
野蔌[4]，杂然而前陈者，
tài shǒu yàn yě yàn hān zhī lè fēi
太守宴也。宴酣之乐，非
sī fēi zhú shè zhě zhòng yì zhě
丝非竹[5]，射者中[6]，弈者
shèng gōng chóu jiāo cuò qǐ zuò
胜[7]，觥筹交错[8]，起坐
ér xuān huá zhě zhòng bīn huān yě cāng
而喧哗者，众宾欢也。苍
yán bái fà tuí hū qí zhōng zhě tài
颜白发，颓乎其中者[9]，太
shǒu zuì yě
守醉也。

清张培敦绘《醉翁亭图》

yǐ ér xī yáng zài shān rén yǐng sǎn luàn tài shǒu guī ér
已而夕阳在山[10]，人影散乱，太守归而

bīn kè cóng yě shù lín yīn yì míng shēng shàng xià yóu rén qù
宾客从也。树林阴翳[11]，鸣声上下，游人去

ér qín niǎo lè yě rán ér qín niǎo zhī shān lín zhī lè ér bù zhī
而禽鸟乐也。然而禽鸟知山林之乐，而不知

rén zhī lè rén zhī cóng tài shǒu yóu ér lè ér bù zhī tài shǒu zhī
人之乐；人知从太守游而乐，而不知太守之

lè qí lè yě zuì néng tóng qí lè xǐng néng shù yǐ wén zhě
乐其乐也[12]。醉能同其乐，醒能述以文者，

tài shǒu yě tài shǒu wèi shuí lú líng ōu yáng xiū yě
太守也。太守谓谁？庐陵欧阳修也[13]。

注释

❶负者：背东西的人。❷伛偻：腰弯背曲的样子，这里指老年人。提携：搀扶，这里指小孩子。❸洌：清醇。❹野蔌：野菜。❺丝：琴、瑟之类的弦乐器。竹：箫、笛之类的管乐器。❻射：这里指投壶，古代宴会时常玩的一种游戏，把箭投向壶里，按投中次数多少决定胜负，负者罚酒。❼弈：下围棋。❽觥：用犀角做的一种酒器。筹：酒筹，行酒令时用以计数的签子。❾颓乎：原意是精神不振的样子，这里形容醉态。❿已而：不久。⓫阴翳：形容枝叶茂密成荫。⓬乐

清包栋绘《投壶图》（局部）

其乐：前一个“乐”，意动用法，以……为乐。后一个“乐”，快乐。⑬庐陵：庐陵郡，今江西省吉安，欧阳修祖籍庐陵。

译文

至于背东西的人在路上歌唱，走路的人在树下休息，前面的人呼唤，后面的人答应，老老少少络绎不绝的，是滁州百姓来这里游玩。到溪边钓鱼，溪水深而鱼肥美；用泉水酿酒，泉水香而酒清醇；山中的野味野菜，交错摆在面前，是太守举行的酒宴。宴饮酣畅的乐趣，不在弹琴奏乐，投壶的中了，下棋的赢了，酒杯和酒筹交互错杂，人们时起时坐，大声喧哗，这是宾客们在尽情欢乐。一位面容苍老头发斑白者，醉倒在宾客中间，那是太守喝醉了。

不久夕阳挂在山边，人影散乱，是宾客们跟随太守回去了。树林浓密成荫，鸟儿到处鸣叫，是游人离开后鸟儿的快乐。然而鸟儿只知道山林中的快乐，却不知道人的快乐；而人们只知道跟随太守游玩的快乐，却不知道太守以他们的快乐为快乐啊。酒醉时能与大家一起快乐，酒醒后能用文章记述这种快乐的，那是太守。太守是谁？是庐陵人欧阳修。

清任预绘《会弈图》（局部）

qiū shēng fù

秋声赋

欧阳修

导读

本文是作者借秋景抒写感伤、惆怅心情的代表作，由秋风来临，联想到万物凋零，继而联想到人生易老，抒发了对世事艰难、人生坎坷的感慨；既发挥老庄哲学清心寡欲、知足保和的养身之道，也包含着作者深刻的人生体验。文章写景、抒情、叙事、议论浑然一体，不落斧凿痕迹；句法整齐而富于变化，参差而不散乱，很具艺术感染力。

原文

ōu yáng zǐ fāng yè dú
欧阳子方夜读

shū wén yǒu shēng zì xī nán
书[1]，闻有声自西南

lái zhě sǒng rán ér tīng zhī
来者，悚然而听之[2]，

yuē yì zāi chū xī lì
曰：“异哉！初淅沥

yǐ xiāo sà hū bēn téng ér
以萧飒[3]，忽奔腾而

pēng pài rú bō tāo yè jīng
砰湃[4]，如波涛夜惊，

fēng yǔ zhòu zhì qí chù yú wù
风雨骤至。其触于物

yě cōngcōng zhēng zhēng jīn tiě jiē míng yòu rú fù dí zhī
也，𬭤𬭤铮铮[5]，金铁皆鸣；又如赴敌之

清殿藏本欧阳修画像

bīng xián méi jí zǒu bù wén hào lìng dàn wén rén mǎ zhī xíng
兵，衔枚疾走⑥，不闻号令，但闻人马之行
shēng yú wèi tóng zǐ cǐ hé shēng yě rǔ chū shì
声。”予谓童子⑦：“此何声也？汝出视
zhī tóng zǐ yuē xīng yuè jiǎo jié míng hé zài tiān
之。”童子曰：“星月皎洁，明河在天⑧。
sì wú rén shēng shēng zài shù jiān
四无人声，声在树间。”

注释

❶欧阳子：作者自称。❷悚然：惊惧的样子。❸淅沥：象声词，这里指雨声。萧飒：这里指风声。❹砰湃：同“澎湃”，波涛汹涌的声音。❺钬钬铮铮：金属撞击的声音。❻衔枚：古时行军袭击敌方时，让士兵衔枚以防喧哗。枚，形似竹筷，两端有带，可系在颈上。❼童子：幼仆。❽明河：指银河。

近代溥儒绘《秋声图》

译文

夜里，欧阳子正在读书，听到有声音从西南方向传来，不禁悚然而听，惊道：“奇怪啊！这声音初听时淅淅沥沥，萧萧飒飒，忽然变得汹涌澎湃，像是夜间波涛突起，风雨骤然而至。它碰到物体上，发出铿锵之声，犹如金属撞击的声音；又像奔赴战场的军队正衔枚疾行，听不到号令声，只听见人马行进的声音。于是我对童子说：“这是什么声音？你出去看看。”童子回答说：“月亮洁白晶莹，银河悬在天空，四周没有人的声音，那声音来自树林间。”

原文

yú yuē yī xī bēi zāi cǐ qiū shēng yě hú
余曰：“噫嘻❶，悲哉！此秋声也，胡
wéi hū lái zāi gài fú qiū zhī wéi zhuàng yě qí sè cǎn dàn yān
为乎来哉？盖夫秋之为状也：其色惨淡，烟

清华嵒绘《秋声赋意图》

fēi yún liǎn　qí róng qīng míng　tiān gāo rì jīng　qí qì lì
霏云敛[2]；其容清明，天高日晶[3]；其气栗
liè　biān rén jī gǔ　qí yì xiāo tiáo　shān chuān jì liáo　gù
冽[4]，砭人肌骨[5]；其意萧条，山川寂寥。故
qí wéi shēng yě　qī qī qiè qiè　hū háo fèn fā　fēng cǎo lǜ rù
其为声也，凄凄切切，呼号奋发。丰草绿缛
ér zhēng mào　jiā mù cōng lóng ér kě yuè　cǎo fú zhī ér sè
而争茂[6]，佳木葱茏而可悦[7]；草拂之而色
biàn　mù zāo zhī ér yè tuō　qí suǒ yǐ cuī bài líng luò zhě　nǎi qí
变，木遭之而叶脱。其所以摧败零落者，乃其
yí qì zhī yú liè
一气之余烈[8]。

fú qiū　xíng guān yě　yú shí wéi yīn　yòu bīng
“夫秋，刑官也[9]，于时为阴[10]；又兵
xiàng yě　yú xíng wéi jīn　shì wèi tiān dì zhī yì qì　cháng
象也[11]，于行为金[12]。是谓天地之义气[13]，常
yǐ sù shā ér wéi xīn　tiān zhī yú wù　chūn shēng qiū shí　gù qí
以肃杀而为心。天之于物，春生秋实。故其
zài yuè yě　shāng shēng zhǔ xī fāng zhī yīn　yí zé wéi qī yuè zhī
在乐也，商声主西方之音[14]，夷则为七月之
lǜ　shāng shāng yě　wù jì lǎo ér bēi shāng　yí　lù yě
律[15]。商，伤也，物既老而悲伤；夷，戮也，
wù guò shèng ér dāng shā
物过盛而当杀。

jiē hū　cǎo mù wú qíng　yǒu shí piāo líng　rén wéi dòng
“嗟乎！草木无情，有时飘零。人为动
wù　wéi wù zhī líng　bǎi yōu gǎn qí xīn　wàn shì láo qí xíng
物，惟物之灵。百忧感其心，万事劳其形。

yǒu dòng hū zhōng　bì yáo qí jīng　ér kuàng sī qí lì zhī suǒ
有动乎中，必摇其精[16]。而况思其力之所

bù jí　yōu qí zhì zhī suǒ bù néng　yí qí wò rán dān zhě wéi gǎo
不及，忧其智之所不能。宜其渥然丹者为槁

mù　yī rán hēi zhě wéi xīng xīng　nài hé yǐ fēi jīn shí zhī
木[17]，黟然黑者为星星[18]。奈何以非金石之

zhì　yù yǔ cǎo mù ér zhēng róng　niàn shuí wéi zhī qiāng zéi
质，欲与草木而争荣？念谁为之戕贼[19]，

yì hé hèn hū qiū shēng
亦何恨乎秋声！”

tóng zǐ mò duì　chuí tóu ér shuì　dàn wén sì bì chóng shēng
童子莫对，垂头而睡。但闻四壁虫声

jī jī　rú zhù yú zhī tàn xī
唧唧[20]，如助予之叹息。

注释

❶噫嘻：惊叹声。❷烟霏云敛：烟雾飞散，云气收敛。❸日晶：阳光灿烂。❹栗冽：寒冷。❺砭：古代用来治病的石针，这里为刺的意思。❻绿缛：草木茂盛。❼葱茏：草木青翠茂盛。❽一气：古人认为大自然中弥漫着一种气，此指秋气。余烈：余威。❾刑官：执掌刑狱的官。《周礼》把官职与天、地、春、夏、秋、冬相配，称为六官。秋天肃杀万物，所以司寇为秋官，执掌刑法，称“刑官”。❿于时为阴：古人以春夏为阳，秋冬为阴，故称秋天为阴。⓫兵象：古代征伐多在秋天，故称“兵象”。⓬于行为金：古人以五行金、木、水、火、土与四时相

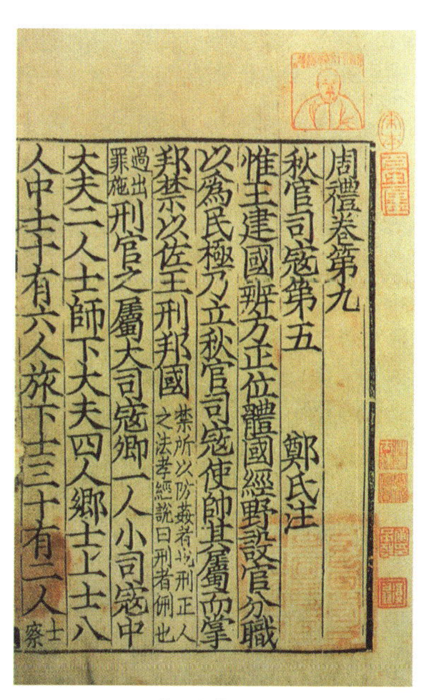
周禮卷第九
秋官司寇第五　鄭氏注
惟王建國辨方正位體國經野設官分職
以為民極乃立秋官司寇使帥其屬而掌
邦禁以佐王刑邦國 禁所以防姦者也刑正人之法孝經說曰刑者侀也
過出罪施 刑官之屬大司寇卿一人小司寇中
大夫二人士師下大夫四人鄉士上士八
人中士十有六人旅下士三十有二人 察士

《周礼》书影

配，秋为金。⑬天地之义气：天地之间的萧杀之气。义气，刚正之气。⑭商声：五声之一。古人将五声宫、商、角、徵、羽与四时相配，秋属商；又将五行和五方东、西、南、北、中相配，秋主西。⑮夷则：古音十二律（黄钟、大吕、太簇、夹钟、姑洗、仲吕、蕤宾、林钟、夷则、南吕、无射、应钟）中的一种，与十二月相配，夷则配七月。⑯摇：摇落，损耗。⑰渥然丹者：脸庞红润，比喻年轻。槁木：枯木，比喻衰老。⑱黟然：乌黑的头发，比喻健壮。星星：形容鬓发花白。⑲戕贼：残害，伤害。⑳唧唧：虫子鸣叫声。

译文

我叹息道："唉，真令人悲伤啊！这是秋天的声音，它怎么就来了呢？秋天的情状大概是这样的：它的色调惨淡苍凉，烟雾消散，云气收敛；它的容貌清新明净，天高气爽，阳光灿烂；它的气候凛冽寒冷，刺人肌骨；它的意境冷落萧条，山川寂静，无声无形。所以它发出的声音时而凄凄切切，时而呼啸激昂。秋风来临前，绿草丰美繁茂，一派欣欣向荣；树木青翠茂盛，令人心旷神怡。然而，一旦秋风吹起，草接触它就会变色，树碰到它就要落叶。它用来摧折花草，使树木凋零的，是一种萧杀之气的余威。

"秋天是刑官执法的季节，在时令上属于阴；秋天又是用兵的象征，在五行上属于金。这就是所说的'天地之义气'，常常以肃杀为意志。自然对于万物，是要它们春天生长，秋天结实。所以秋天在音乐的五声中属商声，商声是代表西方的乐调，夷则

元赵孟頫行书《秋声赋》

是和七月相配的音律。商，是悲伤的意思，万物衰老，都会悲伤；夷，是杀戮的意思，万物过了繁盛期就会走向衰败。

清华喦绘《山水册》之一《空亭一壑秋》

“唉！草木没有感情，尚且有飘落凋零之时。人作为动物，在万物中最有灵性。无穷的忧虑煎熬他的心绪，无数的事情劳累他的身体。内心被外物触动，必然会损耗精力。更何况常常思考力所不及的事情，忧虑智慧不能解决的问题。这自然会使他红润的面色变得苍老，乌黑的头发变得花白。为什么不是金石的肌体，却要与草木那样争一时的荣盛呢？应当仔细考虑是谁伤害了自己，又何必去怨恨这秋声呢？”

书童没有回答，低着头在打瞌睡。只听到四壁虫鸣唧唧，像在附和我的叹息。

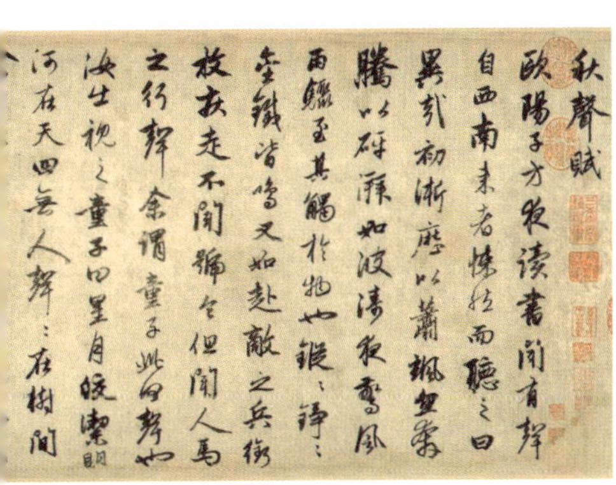

qián chì bì fù
前赤壁赋

苏　轼

导读

苏轼（1037~1101），北宋文学家、书画家。字子瞻，号东坡居士，眉州眉山（今属四川）人。宋仁宗嘉祐进士。政治上属于旧党，反对王安石变法，但也有改革弊政的要求。文章汪洋恣肆，明白畅达，为“唐宋八大家”之一。诗清新豪健，词开豪放一派，对后代很有影响。擅长行书、楷书，与蔡襄、黄庭坚、米芾并称“宋四家”。有《东坡七集》、《东坡乐府》等。

清人绘《历代名臣像解》中的苏轼画像

本文为作者被贬黄州，与友人同游赤壁黄冈时所作，因此后三月重游赤壁，又写一篇《赤壁赋》，所以把这篇称为《前赤壁赋》。作者以传神的笔墨，描述秋夜赤壁的美丽、静谧以及与友人夜游的逸兴，通过对明月、江水变与不变的议论，表现出旷达的胸襟和乐观的生活态度，这是政治失意后的精神苦闷和自我排遣，旷达的外表下隐藏着忧郁和悲伤。文章语言清新优美，写景、抒情、议论结合巧妙，不露斧凿之迹。

原文

rén xū zhī qiū　qī yuè jì wàng　sū zǐ yǔ kè fàn zhōu
壬戌之秋❶，七月既望❷，苏子与客泛舟

yóu yú chì bì zhī xià　qīngfēng xú lái　shuǐ bō bù xīng　jǔ jiǔ zhǔ
游于赤壁之下❸。清风徐来，水波不兴。举酒属

kè sòng míng yuè zhī shī gē yǎo tiǎo zhī zhāng shāo yān
客[4]，诵明月之诗[5]，歌窈窕之章[6]。少焉[7]，

yuè chū yú dōng shān zhī shàng pái huái yú dǒu niú zhī jiān bái lù
月出于东山之上，徘徊于斗牛之间[8]。白露

héng jiāng shuǐ guāng jiē tiān zòng yì wěi zhī suǒ rú líng wàn
横江[9]，水光接天。纵一苇之所如[10]，凌万

qǐng zhī máng rán hào hào
顷之茫然[11]。浩浩

hū rú píng xū yù fēng
乎如冯虚御风[12]，

ér bù zhī qí suǒ zhǐ piāo
而不知其所止；飘

piāo hū rú yí shì dú lì
飘乎如遗世独立[13]，

yǔ huà ér dēng xiān
羽化而登仙[14]。

yú shì yǐn jiǔ lè
于是饮酒乐

shèn kòu xián ér gē zhī
甚，扣舷而歌之。

gē yuē guì zhào xī lán
歌曰：“桂棹兮兰

jiǎng jī kōng míng xī sù
桨，击空明兮溯

liú guāng miǎo miǎo xī
流光[15]。渺渺兮

yú huái wàng měi rén xī tiān
予怀，望美人兮天

清黄山寿绘《赤壁夜游图》

一方[16]。”客有吹洞箫者[17]，依歌而和之。其声呜呜然，如怨如慕，如泣如诉，余音袅袅[18]，不绝如缕。舞幽壑之潜蛟[19]，泣孤舟之嫠妇[20]。

注释

❶壬戌：宋神宗元丰五年（1082）。❷既望：农历十六日。望，农历十五日。❸苏子：苏轼自称。赤壁：黄州赤鼻矶，并不是三国时期赤壁（湖北嘉鱼）之战的旧址。❹属：劝客饮酒。❺明月之诗：指《诗经·陈风·月出》篇。❻窈窕之章：指《月出》篇的第一章。❼少焉：一会儿。❽斗牛：星宿名，即斗宿和牛宿。❾白露：白茫茫的水汽。横江：笼罩江面。❿纵：任凭。一苇：像苇叶般的小船，比喻极小的船。⓫凌：越过。茫然：旷远迷茫的样子。⓬冯：通“凭”，乘。虚：太空。⓭遗世独立：遗弃尘世,独自存在。⓮羽化：道教认为人能生羽翼成仙。⓯棹、桨：划船工具，前推的叫桨，后推的叫棹。空明：清澄的江水。流光：水波上流动的月光。⓰渺渺：悠远的样子。美人：所思念的人。⓱客：指道士杨世昌，识音律，善吹箫。⓲袅袅：形容声音婉转悠扬。⓳幽壑：深谷。⓴嫠妇：寡妇。

明文嘉绘《前赤壁图》

译文

南宋李嵩绘《赤壁图》

壬戌年秋天，七月十六日，我与友人在赤壁下泛舟游玩。清风慢慢吹来，水面波澜不兴。举起酒杯劝客人同饮，朗诵《月出》诗，吟唱《窈窕》章。一会儿，明月从东山升起，徘徊在斗宿与牛宿之间。白茫茫的雾气笼罩江面，水光与夜空连成一片。任凭苇叶似的小船随处飘荡，越过茫茫无边的江面。江面浩瀚旷远，船儿像凌空驾风而行，不知将停留在何处；飘飘然又像脱离尘世，无牵无挂，成为神仙，进入仙境。

这时候酒喝得很快乐，便敲击船舷唱起歌来。歌中唱道：“桂木棹啊兰木桨，划动着清澄的水波啊逆流而上。我的情思啊悠远茫茫，仰望思慕的人啊在遥远的地方。”客人中有位会吹洞箫的，按着歌声吹箫应和。箫声呜呜作响，像是哀怨，又像是眷恋，像是哭泣，又像是倾诉，余音悠扬，宛如细丝绵延不断。这箫声能使深谷里潜藏的蛟龙起舞，使孤舟上的寡妇悲泣。

原文

sū zǐ qiǎo rán　zhèng jīn wēi zuò ér wèn kè yuē　hé wèi
苏子愀然[1]，正襟危坐而问客曰[2]：“何为

qí rán yě　kè yuē　yuè míng xīng xī　wū què nán fēi
其然也？”客曰：“‘月明星稀，乌鹊南飞。’

明人绘曹操画像

cǐ fēi cáo mèng dé zhī shī hū
此非曹孟德之诗乎[3]？
xī wàng xià kǒu dōng wàng wǔ
西望夏口[4]，东望武
chāng shān chuān xiāng liáo
昌[5]，山川相缪[6]，
yù hū cāng cāng cǐ fēi mèng dé
郁乎苍苍，此非孟德
zhī kùn yú zhōu láng zhě hū
之困于周郎者乎[7]？
fāng qí pò jīng zhōu xià jiāng
方其破荆州[8]，下江
líng shùn liú ér dōng yě zhú lú qiān lǐ jīng qí bì kōng
陵[9]，顺流而东也，舳舻千里[10]，旌旗蔽空，
shī jiǔ lín jiāng héng shuò fù shī gù yí shì zhī xióng yě
酾酒临江[11]，横槊赋诗[12]，固一世之雄也，
ér jīn ān zài zāi kuàng wú yǔ zǐ yú qiáo yú jiāng zhǔ zhī shàng
而今安在哉？况吾与子渔樵于江渚之上[13]，
lǚ yú xiā ér yǒu mí lù jià yí yè zhī piān zhōu jǔ páo zūn yǐ
侣鱼虾而友麋鹿[14]，驾一叶之扁舟，举匏樽以
xiāng zhǔ jì fú yóu yú tiān dì miǎo cāng hǎi zhī yí sù āi
相属[15]。寄蜉蝣于天地[16]，渺沧海之一粟[17]。哀
wú shēng zhī xū yú xiàn cháng jiāng zhī wú qióng xié fēi xiān yǐ
吾生之须臾[18]，羡长江之无穷。挟飞仙以
áo yóu bào míng yuè ér cháng zhōng zhī bù kě hū zhòu dé
遨游，抱明月而长终[19]。知不可乎骤得，
tuō yí xiǎng yú bēi fēng
托遗响于悲风[20]。”

注释

❶愀然：忧愁凄怆的样子。❷正襟危坐：整理衣襟，端正地坐着。❸曹孟德：即曹操，字孟德，东汉末年政治家、军事家、诗人。前两句诗引自他的《短歌行》。❹夏口：城名，故址在今湖北汉口。❺武昌：今湖北鄂城。❻缪：通“缭”，盘绕。❼周郎：周瑜，三国东吴将领。赤壁之战，曹操败于周瑜。❽破荆州：建安十三年，曹军南下，降服荆州牧刘琮。荆州，在今湖北襄阳。❾江陵：今湖北江陵。❿舳舻：战船前后相接。这里指战船。⓫酾酒：斟酒。⓬槊：长矛。⓭渔樵：打渔砍柴。⓮侣：以……为伴侣。友：以……为朋友。两者都是名词的意动用法。⓯匏樽：葫芦做的酒器。⓰蜉蝣：一种昆虫，夏秋之交生于水边，生命短暂，仅数小时。比喻人生之短暂。⓱渺：小。⓲须臾：片刻，时间极短。⓳长终：长久地存在。⓴遗响：箫的余音。悲风：秋天凄厉的风。

清人绘周瑜画像

清乌骀绘《历代名将画谱》中的曹操画像，描绘曹操横槊赋诗的场景

译文

我不仅感伤起来，整理衣襟，端正地坐着，问客人道：

“箫声为何如此悲凉呢？”客人回答：“‘月明星稀，乌鹊南飞’，这不是曹孟德的诗句吗？这里向西望是夏口，向东望是武昌，山水相互环绕，草木茂盛苍翠，这里不正是曹操被周瑜打败的地方吗？当曹操夺取荆州，攻下江陵，顺长江东进的时候，战船延绵千里，旌旗遮蔽天空，他面对长江斟酒痛饮，横执长矛吟诗抒情，真是一代英雄啊，如今又在哪里呢？何况我与你在江中小洲上捕鱼砍柴，与鱼虾作伴，与麋鹿为友，驾着一只小船，举杯互相劝酒。如同蜉蝣一样寄生在天地之间，渺小得像沧海中的一粒粟米。哀叹我们生命的短暂，羡慕长江的流水无尽。希望与神仙携手遨游，同明月永世长存。我知道这种愿望不可能马上实现，只好把箫声的余音托付给悲凉的秋风。”

sū zǐ yuē kè yì zhī fú shuǐ yǔ yuè hū shì zhě rú sī
苏子曰：“客亦知夫水与月乎？逝者如斯[1]，
ér wèi cháng wǎng yě yíng xū zhě rú bǐ ér zú mò xiāo zhǎng
而未尝往也；盈虚者如彼[2]，而卒莫消长

元赵孟頫行书《前赤壁赋》

yě　gài jiāng zì qí biàn zhě ér guān zhī　zé tiān dì céng bù néng
也[3]。盖将自其变者而观之，则天地曾不能

yǐ yí shùn　zì qí bú biàn zhě ér guān zhī　zé wù yǔ wǒ jiē
以一瞬[4]；自其不变者而观之，则物与我皆

wú jìn yě　ér yòu hé xiàn hū　qiě fú tiān dì zhī jiān　wù gè
无尽也[5]，而又何羡乎！且夫天地之间，物各

yǒu zhǔ　gǒu fēi wú zhī suǒ yǒu　suī yì háo ér mò qǔ　wéi jiāng
有主，苟非吾之所有，虽一毫而莫取[6]。惟江

shàng zhī qīng fēng　yǔ shān jiān zhī míng yuè　ěr dé zhī ér wéi shēng
上之清风，与山间之明月，耳得之而为声，

mù yù zhī ér chéng sè　qǔ zhī wú jìn　yòng zhī bù jié　shì zào wù
目遇之而成色，取之无禁，用之不竭。是造物

zhě zhī wú jìn zàng yě　ér wú yǔ zǐ zhī suǒ gòng shì
者之无尽藏也[7]，而吾与子之所共适[8]。"

kè xǐ ér xiào　xǐ zhǎn gēng zhuó　yáo hé jì jìn　bēi
客喜而笑，洗盏更酌。肴核既尽[9]，杯

pán láng jí　xiāng yǔ zhěn jiè hū zhōu zhōng　bù zhī dōng fāng
盘狼藉[10]。相与枕藉乎舟中[11]，不知东方

zhī jì bái
之既白[12]。

注释

❶逝者如斯：语出《论语·子罕》："子在川上曰：逝者如斯夫，不舍昼夜。"❷盈虚者：指月亮的圆缺。❸卒：最终。消长：增与减。❹曾：简直，竟。一瞬：一眨眼，形容时间短暂。❺无尽：永恒无尽。❻虽：即使。❼造物者：大自然。无尽藏：佛家语，没有穷尽的宝藏。❽适：享受的意思。❾肴核：菜肴和果品。❿狼藉：杂乱。⓫枕藉：相互靠着睡觉。⓬既白：已经天亮。

清吴石仙绘《赤壁泛舟图》

译文

我说："你也理解江水与月亮的道理吗？江水总是不停流逝，但它实际上并没有真正流去；月亮时圆时缺，但它终究没有消损或增长。如果从变化的一面来看，天地间的事物连一眨眼的工夫都不能保持原样；如果从不变的一面来看，万物和我们都是永恒不灭的，又何必羡慕它们呢？何况天地之间，万物各有主宰者，如果不是我该拥有的东西，即使一丝一毫也不能求取。只有江上的清风，以及山间的明月，耳朵听到的便是声音，眼睛看到的便是美景，取用它们无人禁止，享用它们无穷无尽。这是大自然无穷无尽的宝藏，是我和你能共同享用的。"

客人高兴地笑了，清洗杯盏重新斟酒。菜肴和果品都被吃完，酒杯菜盘一片凌乱。大家互相靠着睡在船上，不知不觉东方已经天亮。

hòu chì bì fù

后赤壁赋

苏　轼

导读

作者第二次游赤壁，距上次只有三个月，这里已是初冬景色。文章前部分叙述重游赤壁的缘由，后部分写重游赤壁时的情境；通过描绘冬夜的江岸，渲染出山间的凄凉气氛，并写出独自登高而引发的悲戚心情，结尾转归虚幻缥缈，道士化鹤，迷离恍惚，流露出作者幻想脱离尘世，却不能逃避现实的矛盾心理。

原文

shì suì shí yuè zhī wàng
是岁十月之望①，

bù zì xuě táng jiāng guī yú lín
步自雪堂②，将归于临

gāo èr kè cóng yú guò
皋③。二客从予，过

huáng ní zhī bǎn shuāng lù jì
黄泥之坂④。霜露既

jiàng mù yè jìn tuō rén yǐng zài
降，木叶尽脱，人影在

dì yǎng jiàn míng yuè gù ér lè
地，仰见明月。顾而乐

zhī xíng gē xiāng dá yǐ ér
之，行歌相答⑤。已而

清上官周绘《晚笑堂画传》中的苏轼画像

tàn yuē yǒu kè wú jiǔ yǒu jiǔ wú yáo yuè bái fēng qīng
叹曰⑥：“有客无酒，有酒无肴，月白风清，

rú cǐ liáng yè hé kè yuē jīn zhě bó mù jǔ wǎng
如此良夜何！”客曰：“今者薄暮⑦，举网
dé yú jù kǒu xì lín zhuàng rú sōng jiāng zhī lú gù ān suǒ
得鱼，巨口细鳞，状如松江之鲈⑧。顾安所
dé jiǔ hū guī ér móu zhū fù fù yuē wǒ yǒu dǒu
得酒乎⑨？”归而谋诸妇⑩。妇曰：“我有斗
jiǔ cáng zhī jiǔ yǐ yǐ dài zǐ bù shí zhī xū
酒，藏之久矣，以待子不时之需⑪。”

注释

❶是岁：指宋神宗元丰五年（1082）。望：阴历每月十五日。❷雪堂：苏轼在黄州所建的厅堂，在黄冈东面。因在雪天落成，四壁绘有雪景，故名“雪堂”。❸临皋：亭名，在黄冈南长江边上。❹黄泥之坂：即黄泥坂，山坡名，是从雪堂到临皋的必经之路。❺行歌：边走边唱，互相酬答。❻已而：过了一会儿。❼薄暮：傍晚。薄，逼近。❽松江：松江县，今属上海，以产鲈鱼著名。❾顾：但是。安所：何处。❿谋诸妇：和妻子商量这件事。诸，之于。⓫不时之需：随时的需要。

译文

这年十月十五日，我从雪堂走出，准备回临皋亭。两位客人

元赵孟頫行书《后赤壁赋》

北宋乔仲常绘《后赤壁赋图卷》（局部）

跟随我，一起走过黄泥坂。这时霜露已经降下，树叶全部凋落，人影倒映在地，抬头望见明月。环顾四周心里非常快乐，边走边唱相互酬答。过了一会儿，我叹息说：“有客人却没有酒，有酒却没有菜。月色皎洁，清风吹拂，怎样度过这美好的夜晚呢？”客人说：“今天傍晚，我撒网捕到一条鱼，大嘴巴细鳞片，形状像松江的鲈鱼。但是，到哪里能找到酒呢？”我回家和妻子商量此事，妻子说：“我有一斗酒，贮存了很久，以备你临时的需要。”

原文

yú shì xié jiǔ yǔ yú fù yóu yú chì bì zhī xià jiāng liú
于是携酒与鱼，复游于赤壁之下[1]。江流

yǒu shēng duàn àn qiān chǐ shān gāo yuè xiǎo shuǐ luò shí chū céng
有声，断岸千尺[2]，山高月小，水落石出。曾

rì yuè zhī jǐ hé ér jiāng shān bù kě fù shí yǐ yú nǎi shè yī
日月之几何，而江山不可复识矣！予乃摄衣

ér shàng lǚ chán yán pī méng róng jù hǔ bào dēng
而上[3]，履巉岩[4]，披蒙茸[5]，踞虎豹[6]，登

qiú lóng pān qī hú zhī wēi cháo fǔ píng yí zhī yōu gōng
虬龙[7]，攀栖鹘之危巢[8]，俯冯夷之幽宫[9]，

北宋乔仲常绘《后赤壁赋图卷》（局部）

gài èr kè bù néng cóng yān huá rán cháng xiào cǎo mù zhèn dòng
盖二客不能从焉。划然长啸[10]，草木震动，
shān míng gǔ yìng fēng qǐ shuǐ yǒng yú yì qiǎo rán ér bēi sù rán
山鸣谷应，风起水涌。予亦悄然而悲[11]，肃然
ér kǒng lǐn hū qí bù kě liú yě fǎn ér dēng zhōu fàng
而恐[12]，凛乎其不可留也[13]。反而登舟[14]，放
hū zhōng liú tīng qí suǒ zhǐ ér xiū yān shí yè jiāng bàn sì gù
乎中流[15]，听其所止而休焉。时夜将半，四顾
jì liáo shì yǒu gū hè héng jiāng dōng lái chì rú chē lún xuán
寂寥。适有孤鹤，横江东来，翅如车轮，玄
cháng gǎo yī jiá rán cháng míng lüè yú zhōu ér xī yě
裳缟衣[16]，戛然长鸣[17]，掠予舟而西也。

xū yú kè qù yú yì jiù shuì mèng yí dào shì yǔ yī
须臾客去[18]，予亦就睡。梦一道士，羽衣
pián xiān guò lín gāo zhī xià yī yú ér yán yuē chì bì zhī
蹁跹[19]，过临皋之下，揖予而言曰："赤壁之
yóu lè hū wèn qí xìng míng fǔ ér bù dá wū hū yī
游乐乎？"问其姓名，俯而不答。"呜呼噫
xī wǒ zhī zhī yǐ chóu xī zhī yè fēi míng ér guò wǒ zhě
嘻！我知之矣。畴昔之夜[20]，飞鸣而过我者，

fēi zǐ yě yé　dào shì gù xiào　yú yì jīng wù　kāi hù shì
非子也耶？”道士顾笑，予亦惊寤[21]。开户视
zhī　bú jiàn qí chù
之，不见其处。

注释

❶复游：这年七月苏轼曾游过赤壁，作《前赤壁赋》。❷断岸：陡峭的江岸。❸摄衣：提起衣襟。❹履巉岩：登上险峻的山崖。履，践，踏。巉岩，险峻的山石。❺披蒙茸：分开乱草。蒙茸，杂乱的丛草。❻踞：蹲或坐。虎豹，指形似虎豹的山石。❼虬龙：指形似虬龙的树木。虬：古代传说中一种有角的小龙。❽鹘：一种凶猛的鸟。危：高而险。❾冯夷：水神。幽宫：幽深的水府。❿划然：指长啸声。⓫悄然：忧愁的样子。⓬肃然：这里指害怕的样子。⓭凛乎：恐惧的样子。⓮反：通“返”。⓯中流：江心。⓰玄裳缟衣：黑裙白衣。玄，黑。裳，下裙。缟，白。衣，上衣。⓱戛然：指鸟鸣声。⓲须臾：一会儿，片刻。⓳羽衣：道士穿的衣服。蹁跹：飘然轻快的样子。⓴畴昔：往昔，从前。㉑寤：睡醒。

译文

于是我们带着酒和鱼，再次到赤壁下面游览。长江的流水发

北宋乔仲常绘《后赤壁赋图卷》（局部）

出声响，陡峭的江岸高达千尺，山峦很高月亮很小，水位下落礁石露出。才相隔多少日子，上次所见江景山色再也认不出来了！我撩起衣襟上岸，踏着险峻的山岩，拨开纷乱的野草，蹲在虎豹形状的石头上，爬上形如虬龙的古木，攀援高处栖鹘的窝巢，俯视水神冯夷的深宫，两位客人都不能随我一起攀登了。我一声长啸，草木震动，高山共鸣，深谷回声，大风吹起，波浪汹涌。我也觉得忧愁悲哀，紧张恐惧，感到害怕而不敢停留。我返回岸边，登上小船，划到江心，任凭它漂流到哪里就停泊在哪里。这时将近半夜，环顾四周，寂静无声。正好有只孤鹤，横穿长江从东边飞来，翅膀像车轮一般大，如同身穿黑裙白衣，拖长声音叫着，掠过我们的船向西飞去。

明丁玉川绘《后赤壁赋图》

不久客人离去，我也回家睡觉。梦见一位道士，穿着用鸟羽制成的衣服，飘然轻快，走过临皋亭，向我拱手作揖说：“赤壁的游览快乐吗？”问他的姓名，他低头不答。“哎呀！我明白了。昨天夜里，边飞边叫着从我这里经过的人，不就是您吗？”道士回头笑了起来，我也忽然惊醒。开门一看，却看不到他在什么地方。

dú mèngcháng jūn zhuàn

读孟尝君传

王安石

导读

王安石（1021～1086），北宋政治家、文学家、思想家。字介甫，号半山，抚州临川（今江西抚州）人。庆历进士。宋神宗时，主持变法，因保守派反对，新政推行迭遭阻碍。晚年退居江宁（今江苏南京），封荆国公，世称“荆公”。散文雄健峭拔，为“唐宋八大家”之一。诗遒劲清新，词风格高峻。有《王文公集》、《临川先生文集》。

清殿藏本王安石画像

本文是王安石读《史记·孟尝君列传》后的感想。孟尝君是“战国四公子”之一，以善招贤纳士著称，门客众多，人才济济，为历代所称道。而该文一反世俗之见，指出鸡鸣狗盗之徒并不能作为国家的栋梁之“士”，表达了对人才的看法，反映出作者豪迈的气魄和自负的志向。文章虽短，却笔力峻拔，缓起陡转，抑扬顿挫，很有说服力。

原文

shì jiē chēng mèng cháng jūn néng dé shì shì yǐ gù guī

世皆称孟尝君能得士❶，士以故归

zhī ér zú lài qí lì yǐ tuō yú hǔ bào zhī qín jiē hū

之❷，而卒赖其力以脱于虎豹之秦❸。嗟乎！

清绣像本《东周列国志》中的孟尝君画像

mèng cháng jūn tè jī míng
孟尝君特鸡鸣

gǒu dào zhī xióng ěr
狗盗之雄耳❹，

qǐ zú yǐ yán dé shì bù
岂足以言得士？不

rán shàn qí zhī qiáng
然，擅齐之强❺，

dé yí shì yān yí kě yǐ
得一士焉，宜可以

nán miàn ér zhì qín shàng
南面而制秦❻，尚

hé qǔ jī míng gǒu dào zhī lì
何取鸡鸣狗盗之力

zāi fú jī míng gǒu dào
哉❼？夫鸡鸣狗盗

zhī chū qí mén cǐ shì zhī
之出其门，此士之

suǒ yǐ bú zhì yě
所以不至也。

注释

❶称：称颂，赞扬。孟尝君：即田文，战国时齐国公子，封于薛地（今山东滕县东南），以礼贤下士著称。❷归：投奔，归顺。❸卒：最终。脱：逃脱。虎豹：形容凶暴。❹特：只，不

战国铜冰鉴

过。鸡鸣狗盗：孟尝君出访秦国，秦昭王软禁了他，并想杀掉他。孟尝君托人到昭王宠妃那里求情，宠妃提出以白狐裘作为代价。恰巧门客中有一个惯偷，半夜里装成狗混入秦宫，偷得白狐裘送给宠妃。孟尝君被放走，连夜逃至函谷关，正值半夜，按规定鸡鸣后才能开关放人。又有门客学鸡叫，骗得开启关门，一行人逃回齐国。雄：首领。❺擅：据有，引申为凭借。❻南面：古代以面向南为尊位，帝王面朝南而坐。❼尚：还。

译文

世人都称赞孟尝君能够招贤纳士，士人因此而投奔他门下，孟尝君也最终依靠他们的力量，从虎豹一样凶残的秦国逃出来。唉！孟尝君只不过是一群鸡鸣狗盗之徒的首领罢了，哪里说得上能够得到士人呢？如果不是这样，凭借齐国强大的国力，只要得到一个士人，就可以南面称王，使秦国臣服，哪里还用得着鸡鸣狗盗之徒的力量呢？鸡鸣狗盗之徒出入他的门下，这正是士人不去投奔他的原因啊！

清绣像本《东周列国志》插图《孟尝君偷过函谷关》，描绘孟尝君从秦国返回时，其手下学鸡叫，从而顺利通过函谷关的场景

mài gān zhě yán

卖柑者言

刘　基

导读

清人绘《历代名臣像解》中的刘基画像

刘基（1311～1375），明朝开国功臣。字伯温，号郁离子，处州青田（今浙江青田）人。元末进士，做过地方官吏，因受排挤而归隐。朱元璋起兵，成为重要谋士，在统一战争和制定明初典章制度时起到重要作用。官至御史中丞，封诚意伯。为元末明初一代文宗，散文风格古朴，寓言小品文笔犀利，具有较强的社会意义。

这是一篇优秀的讽刺小品，借卖柑者之口，以“金玉其外，败絮其中”的柑子为喻，揭露那些坐高堂、骑大马神气十足的文武大臣，其实都是些不懂用兵和治国的蠢材，表现出愤世嫉俗之情。文章构思新奇，寓意深刻，结构上采用由远及近、由表入里的方法，形式上运用问答的方式，使文章情趣、气势和感情色彩熠熠生辉，读来酣畅淋漓。

原文

háng yǒu mài guǒ zhě　shàn cáng gān　shè hán shǔ bú
杭有卖果者[1]，善藏柑[2]，涉寒暑不

kuì　chū zhī yè rán　yù zhì ér jīn sè　pōu qí zhōng　gān ruò bài
溃。出之烨然[3]，玉质而金色。剖其中，干若败

xù　yú guài ér wèn zhī yuē　ruò suǒ shì yú rén zhě　jiāng yǐ shí
絮。予怪而问之曰：“若所市于人者，将以实

biān dòu fèng jì sì
笾豆[4]，奉祭祀，

gōng bīn kè hū jiāng xuàn wài
供宾客乎？将炫外

yǐ huò yú gǔ hū shèn yǐ
以惑愚瞽乎[5]？甚矣

zāi wéi qī yě
哉为欺也！”

mài zhě xiào yuē
卖者笑曰：

wú yè shì yǒu nián yǐ
“吾业是有年矣[6]，

南宋佚名绘《橘绿图页》

wú yè lài shì yǐ sì wú qū wú shòu zhī rén qǔ zhī wèi
吾业赖是以食吾躯[7]。吾售之，人取之，未

wén yǒu yán ér dú bù zú zǐ suǒ hū shì zhī wéi qī zhě bù guǎ
闻有言，而独不足子所乎[8]？世之为欺者不寡

yǐ ér dú wǒ yě hū wú zǐ wèi zhī sī yě jīn fú pèi hǔ
矣，而独我也乎？吾子未之思也。今夫佩虎

fú zuò gāo pí zhě guāng guāng hū gān chéng zhī jù yě
符、坐皋比者[9]，洸洸乎干城之具也[10]，

guǒ néng shòu sūn wú zhī lüè yé é dà guān tuō cháng
果能授孙、吴之略耶[11]？峨大冠、拖长

shēn zhě áng áng hū miào táng zhī qì yě guǒ néng jiàn yī
绅者[12]，昂昂乎庙堂之器也[13]，果能建伊、

gāo zhī yè yé dào qǐ ér bù zhī yù mín kùn ér bù zhī jiù
皋之业耶[14]？盗起而不知御，民困而不知救，

lì jiān ér bù zhī jìn fǎ dù ér bù zhī lǐ zuò mí lǐn sù ér
吏奸而不知禁，法斁而不知理[15]，坐糜廪粟而

bù zhī chǐ　guān qí zuò gāo táng　qí dà mǎ　zuì chún lǐ
不知耻[16]。观其坐高堂，骑大马，醉醇醴[17]，

ér yù féi xiān zhě　shú bù wēi wēi hū kě wèi　hè hè hū kě xiàng
而饫肥鲜者[18]，孰不巍巍乎可畏、赫赫乎可象

yě　yòu hé wǎng ér bù jīn yù qí wài　bài xù qí zhōng yě
也[19]？又何往而不金玉其外，败絮其中也

zāi　jīn zǐ shì zhī bù chá　ér yǐ chá wú gān
哉？今子是之不察，而以察吾柑！”

yú mò mò wú yǐ yìng　tuì ér sī qí yán　lèi dōng fāng shēng
予默默无以应。退而思其言，类东方生

gǔ jī zhī liú　qǐ qí fèn shì jí xié zhě yé　ér tuō yú gān yǐ
滑稽之流[20]。岂其忿世嫉邪者耶，而托于柑以

fěng yé
讽耶？

注释

❶杭：今浙江杭州。❷柑：柑橘。❸烨然：光彩鲜明的样子。❹笾豆：古代宴会或祭祀时盛供品的器具。竹制的叫笾，木制的叫豆。❺炫：炫耀。瞽：瞎子。❻业是：以此为业。❼食：同“饲”，喂养，供养。❽所：所需。❾虎符：兵符，古代调兵用的凭证。一半由皇帝掌握，一半由军队统帅掌握。皋比：虎皮，这里指虎皮椅子。❿洸洸：威武的样子。干城：指保卫国家。干，盾牌。城，城墙。⓫孙、吴：春秋军事家孙武和战国军事家吴起。⓬峨：高耸，用作动词，指高戴。绅：古代士大夫束在腰间的带子。⓭庙堂：指朝廷。⓮伊、皋：伊尹和皋陶。伊尹为商汤大臣，曾助汤伐桀。皋陶：虞舜时执掌刑法的

清人绘伊尹画像

大臣。⑮斁：败坏。⑯糜：通“靡”，浪费。廪粟：国库的粮食。⑰醇醴：味醇的美酒。⑱饫：饱食。⑲赫赫：气势壮盛。象：效法。⑳东方生：东方朔，汉武帝近臣，性格诙谐，善于讽谏。滑稽：诙谐机智。

译文

杭州有个卖水果的人，很会保存柑橘，经历一冬一夏也不腐烂。拿出来仍然光彩鲜艳，碧玉般的质地，黄金般的颜色。可是剖开一看，里面却干枯得像破烂的棉絮。我感到奇怪，责问他：“你卖给别人的柑橘，是准备把它装在盘子里，去供奉祭祀，招待宾客呢？还是炫耀它的外表，来欺骗傻子和瞎子呢？你这样骗人太过分了！”

卖柑橘的人笑着说：“我干这一行好多年了，依靠这个养活自己。我卖它，别人买它，从来没有听到有人说过什么，却偏偏不能满足您所需要的吗？世上耍弄欺骗手段的不算少，难道只有我一个人吗？只不过您没有想过这个问题。那些佩戴兵符、坐在虎皮椅子上的人，威风凛凛地像是保卫国家的人才，他们果真能拥有孙武、吴起的谋略吗？那些高戴官帽、拖着长带的人，气宇轩昂地像是朝廷重臣，他们果真能建立伊尹、皋陶的业绩吗？盗贼兴起却不知道抵御，百姓穷困却不知道救济，官吏犯法却不知道禁止，法度败坏却不知道整顿，坐在那里白白耗费国家粮食却不知道羞耻。看他们坐在高堂上，骑着大马，喝着美酒，饱吃佳肴的样子，哪一个不是威风凛凛令人敬畏、气势显赫得让人效仿呢？然而他们又何尝不是外表如金似玉，内里却如破棉败絮呢？如今您对这些视而不见，却来挑剔我的柑橘！”

我默不作声，无话可答。回来细细思考他的话，觉得他很像东方朔那样诙谐机智的人。莫非他果真是个愤世嫉俗的人，是借柑橘来讽刺世事吗？

清殿藏本东方朔画像